# ისრაელ, გაიღვიძე

„მზე დაბნელდება
და მთვარე სისხლად იქცევა
იეჰოვას დიდი და შიშის მომგვრელი
დღის მოსვლამდე.
და ყოველი, ვინც
იეჰოვას სახელს უხმობს
გადარჩება,
რადგან სიონის მთაზე და იერუსალიმში
იქნებიან გადარჩენილები,
როგორც იეჰოვამ თქვა,
ისინი იქნებიან იმ გადარჩენილთა შორის, რომლებსაც
იეჰოვა მოუხმობს."

(იოელი 2:31-32)

# ისრაელ,
# გაიღვიძე

დოქტორი ჯაეროკ ლი

URIM BOOKS

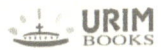

ისრაელ, გაიღვიძე დოქტორი ჯაეროკ ლისგან
გამოქვეყნებულია ურიმ ბუქსის მიერ (წარმომადგენელი: Seongnam Vin)
361-66, შინდაებანგ დონგშ, დონგჯაკ გუ, სეული, კორეა
www.urimbooks.com

ყველა უფლება დაცულია. ეს წიგნი ან მისი ნაწილები არ შეიძლება იქნას გამრავლებული, შენახული საძიებო სისტემაში, ან გადაცემული ნებისმიერი ფორმით, ელექტრონული, მექანიკური თუ ფოტო კოპირებით. მხოლოდ წინასწარი წერილობითი ნებართვით რედაქტორისაგან.

ყველა ციტატა ამოღებულია ბიბლიის თარგმნის ინსტიტუტის რუსეთი/CIS ქართული ბიბლიიდან (2002). გამოყენებულია ნებართვით. გამოყენებულია ნებართვით.

საავტორო უფლება © 2020 დოქტორი ჯაეროკ ლისაგან


ISBN: 979-11-263-0602-2 03230


თარგმნის საავტორო უფლება © 2013 დოქტორი ესთერ კ. ჩუნგისგან. გამოყენებულია ნებართვით.

მანამდე გამოქვეყნებულია კორეულად 2007 წელს ურიმ ბუქსისგან.

პირველი გამოცემა 2020 წლის თებერვალი

რედაქტირებულია დოქტორი გეუმსუნ ვინის მიერ
ილუსტრირებულია ურიმ ბუქსის სარედაქციო ბიუროს მიერ
დაბეჭდილია იევონის ბეჭდვის კომპანიის მიერ
დამატებითი ინფორმაციისათვის დაგვიკავშირდით: urimbook@hotmail.com

# წინასიტყვაობა

მეოცე საუკუნის დასაწყისში, გასაოცარი მოვლენები განვითარდა პალესტინის მოუსავლიან მიწაზე, სადაც იმ დროს არავის სურდა ცხოვრება. ებრაელებმა, რომლებიც მთელს აღმოსავლეთ ევროპაში, რუსეთში და მსოფლიოს გარშემო მიმოიფანტნენ, დაიწყეს შეკრება ისეთ მიწაზე, რომელიც უნაყოფო იყო, სიღარიბეში, შიმშილში, ავადმყოფობებსა და ტანჯვაში.

მიუხედავად მალარიისგან და შიმშილობისგან სიკვდილიანობის მაღალი მაჩვენებელისა, ებრაელებს არ დაუკარგავთ თავიანთი დიდი რწმენა და ამბიციები, და დაიწყეს კიბუცის (სასოფლო-სამეურნეო კომუნა ისრაელში) აშენება. ზუსტად როგორც თეოდორ ჰერცლმა, თანამედროვე სიონიზმის ფუძემდებელმა, დაასაბუთა, „თუ კი გსურს, ეს არ არის ოცნება," ისრაელის აღდგენა გახდა რეალობა.

ისრაელის აღდგენა ითვლებოდა შეუძლებელ

ოცნებად და არავის უნდოდა ამის დაჯერება. თუმცა, ებრაელებმა აისრულეს ეს ოცნება და ისრაელის სახელმწიფოს დაბადებით, მათ 1900 წლის განმავლობაში, პირველად დაიბრუნეს საკუთარი სახელმწიფო.

ისრაელის ხალხმა, მიუხედავად მრავალსაუკუნოვანი დევნისა და ტანჯვისა, შეინარჩუნა საკუთარი რწმენა, კულტურა და ენა და მუდმივად აუმჯობესებდნენ მათ. ისრაელის თანამედროვე სახელმწიფოს დაფუძნების შემდეგ, მათ დაამუშავეს უნაყოფო მიწა და აქცენტი გააკეთეს სხვადასხვა მრეწველობის განვითარებაზე, რომელმაც საშუალება მისცა მათ გაერთიანებულიყვნენ განვითარებული ქვეყნების რიგებში და ისინი არიან შესანიშნავი ადამიანები, რომლებმაც გაუძლეს მუდმივ გამოცდებსა და მუქარებს.

1982 წელს, მანმინის ცენტრალური ეკლესიის დაფუძნების შემდეგ, ღმერთმა სული წმინდის შთაგონებით მაჩვენა ბევრი რამ ისრაელის შესახებ, რადგან ისრაელის დამოუკიდებლობა არის ნიშანი ბოლო დღეებისა და ბიბლიის წინასწარმეტყველებების ასრულება.

„ისმინეთ, უფლის სიტყვა, ხალხებო! გამოუცხადეთ შორეულ კუნძულებს და უთხარით: ვინც გაფანტა ისრაელი, იგივე შეკრებს, მწყემსივით დაიფარავს თავის ფარას" (იერემია 31:9).

ღმერთმა ისრაელის ხალხი იმიტომ აირჩია, რომ თავისი განგება გამოემჟღავნა, რომლითაც მან ადამიანი შექმნა. პირველ რიგში, ღმერთმა აბრაამი გახადა „რწმენის მამა", და იაკობი, აბრაამის შვილიშვილი, დააწესა ისრაელის დამაარსებლად და ღმერთი აცხადებდა თავის ნებას იაკობის შთამომავლებისათვის და კაცობრიობის გაშენების განგების შესრულებას.

როდესაც ისრაელს სწამდა ღმერთის სიტყვის და მის სიტყვას ემორჩილებოდა, სხვა სახელმწიფოებისგან განსხვავებით, მას ყველაზე დიდი დიდება და ღირსება ჰქონდათ. თუმცა, როდესაც ღმერთს ჩამოშორდნენ და აღარ ემორჩილებოდნენ მას, ისრაელს შეხვდა მრავალი ტანჯვა, საგარეო შემოსევების ჩათვლით და ისრაელის ხალხი დედამიწის ყველა კუთხეში მიმოიფანტა.

მაგრამ, მაშინაც კი, როდესაც ცოდვების გამო ისრაელს მრავალი ტანჯვა შეხვდა, ღმერთს ისინი არასოდეს მიუტოვება. ისრაელი ყოველთვის დაკავშირებული იყო ღმერთთან მისი აბრაამთან შეთანხმებით.

ღმერთის არაჩვეულებრივი მზრუნველობის და წინამძღოლობის ქვეშ, ისრაელი, როგორც ხალხი, ისინი ყოველთვის დაცულები იყვნენ, მიაღწიეს დამოუკიდებლობას და კიდევ ერთხელ გახდა სახელმწიფო. როგორ შეიძლობა ისრაელის ხალხის დაცვა და რატომ აღდა ისრაელი?

უამრავი ადამიანი ამბობს, „ებრაული ერის გადარჩენა სასწაულია." ებრაელი ხალხის ჩაგვრამ

და დევნის სიდიდემ დიასპორის დროს, გადააჭარბა ყოველივე აღწერასა და წარმოსახვას, მხოლოდ ისრაელის ისტორია ადასტურებს ბიბლიის ჭეშმარიტებას.

მაგრამ, იესო ქრისტეს მეორედ მოსვლის შემდეგ, კიდევ უფრო დიდი მწუხარება და გამოუთქმელი ტანჯვა იქნება, ვიდრე ებრაელების გამოცდილი ტანჯვა-წამება. რა თქმა უნდა, ადამიანები, რომლებმაც მიიღეს იესო თავიანთ მხსნელად, ჰაერში ავლენ და უფალთან ერთად აღნიშნავენ საქორწინო ზეიმს. თუმცა, ის ადამიანები, რომლებმაც არ მიიღეს იგი თავიანთ მხსნელად, არ ავლენ ჰაერში და შვიდი წლის განმავლობაში დიდი ჭირით დაიტანჯებიან.

„აი, მოდის ღუმელივით გავარვარებული დღე და ყველა კადნიერი და ბოროტმოქმედი ნამჯასავით იქნება. შთანთქავს მათ ეს მომავალი დღე, – ამბობს ლაშქართა ღმერთი იეჰოვა, – და არ შეარჩენს მათ არც ფესვს და არც ტოტს" (მალაქია 4:1).

ღმერთმა უკვე დეტალურად მიჩვენა ის უბედურებები, რომლებიც მოხდება დიდი შვიდწლიანი ჭირის დროს. ამ მიზეზის გამო, ჩემი ყველაზე დიდი სურვილია ღმერთის რჩეულმა, ისრაელის ხალხმა მიიღოს იესო თავის მხსნელად, რომელიც დაახლოებით ორი ათასი წლის წინ

დედამიწაზე იყო, რათა არცერთი მათგანი არ დარჩეს დედამიწაზე დიდი ჭირის დროს.

ღმერთის წყალობით, მე დავწერე და მივუძღვენი ჩემი საქმე ებრაელებისთვის პასუხების უზრუნველოყოფას, რომლებიც წლებია ელოდებიან მესიას.

დაე ამ წიგნის თითოეულმა მკითხველმა გულში მიიღოს ღმერთის სასოწარკვეთილი სიყვარულის შეტყობინება და შეხვდნენ მესიას, რომელიც ღმერთმა მთელი ადამიანთა მოდგმისათვის გამოგზავნა!

მე ყოველი თქვენთაგანი მთელი გულით მიყვარს.

ნოემბერი, 2007 წელი

გეცემანეს ლოცვის სახლთან

ჯაეროკ ლი

# წინასიტყვაობა

მე ვადიდებ და მადლიერი ვარ მამა ღმერთისა, რომელმაც გვაკურთხა და დაგვეხმარა ამ წიგნის გამოქვეყნებაში. ეს წიგნი გამოქვეყნდა ღმერთის ნების თანახმად, რომელსაც სურს ისრაელის გამოღვიძება და ხსნა და დაფუძნებულია ღმერთის განუზომელი სიყვარულით, რომელსაც სურს, რომ არცერთი სული არ დაკარგოს.

თავი 1, „ისრაელი: ღმერთის რჩეული," იკვლევს ღმერთის შექმნის და ადამიანთა მოდგმის დედამიწაზე დამუშავების მიზეზს და მის განგებას, რომელიც მან აირჩია და ისრაელის ხალხს მართავს, როგორც მისი რჩეული ადამიანთა მოდგმის ისტორიაში. ეს თავი ასევე განიხილავს ისრაელის დიდ წინაპრებს და ასევე ჩვენს უფალს, რომელიც ამ ქვეყანაზე მოვიდა წინასწარმეტყველების მიხედვით,

რომელმაც წინასწარ თქვა, რომ დავითის სახლიდან მოდიოდა კაცობრიობის მხსნელი.

მესიაზე ბიბლიური წინასწარმეტყველებების განხილვით, მეორე თავი, „ღმერთის გამოგზავნილი მესია," ადასტურებს იესოს მესიად ყოფნას, რომლის მოსვლას ისრაელი ჯერ კიდევ ელოდება და მიწის გამოსყიდვის კანონის მიხედვით, როგორ აკმაყოფილებს იგი ყველა კვალიფიკაციას, როგორც კაცობრიობის მხსნელი. გარდა ამისა, მეორე თავი იკვლევს, შესრულდა თუ არა იესოს მიერ ძველი აღთქმის წინასწარმეტყველებები და ისრაელის ისტორიისა და იესოს სიკვდილს შორის ურთიერთობას.

მესამე თავი, „ღმერთი, რომლისაც ისრაელს სწამს," ახლოდან აკვირდება ისრაელის ხალხს, რომლებიც მკაცრად ემორჩილებიან რჯულს და მის ტრადიციებს და განუმარტავს მათ, თუ რა სიამოვნებს ღმერთს. გარდა ამისა, ახსენებს მათ იმას, რომ ღმერთის ნებას ჩამოშორდნენ უხუცესთა ტრადიციების გამო, ეს თავი მოუწოდებს მათ, რომ გაიგონ ღმერთის ჭეშმარიტი ნება იმისა, რომ მათ რჯული მისცა და სიყვარულით შეასრულონ რჯული.

ბოლო თავში გამოკვლეული „უყურე და მოუსმინე!" არის ჩვენი დრო, რომელიც ბიბლიამ იწინასწარმეტყველა როგორც „დასასრულის დრო," და ასევე ანტიქრისტეს დაახლოებითი შესახედაობა

და დიდი შვიდ-წლიანი ჭირის მიმოხილვა. გარდა ამისა, ღმერთის ორი საიდუმლოების დადასტურებით, რომლებიც გამზადებულ იქნა მის უსასრულო სიყვარულში თავისი რჩეულისათვის, რათა ისრაელის ხალხმა მიაღწიოს ხსნას ადამიანთა მოდგმის დამუშავების ბოლო მომენტში, ბოლო თავი სთხოვს ისრაელის ხალხს მოიტოვონ ხსნის ბოლო შესაძლებლობა.

როდესაც პირველმა ადამიანმა, ადამმა დაუმორჩილებლობის ცოდვა ჩაიდინა და ედემის ბაღიდან გამოძევდა, ღმერთმა იგი ისრაელის მიწაზე დაასახლდა. ამ დღიდან მოყოლებული, კაცობრიობის ისტორიაში, ღმერთი ათასი წელი ელოდებოდა და ჯერ კიდევ ელოდება ჭეშმარიტი შვილების შეძენის იმედით.

აღარ არის დაყოვნების ან დროის დაკარგვის დრო. დაე თითოეულმა თქვენთაგანმა გააცნობიეროს, რომ ჩვენი დრო მართლაც რომ ბოლო დღეებია და მოემზადოთ უფლის მისაღებად, რომელიც დაბრუნდება მეფეთა მეფედ და უფალთა უფლად, მე მისი სახელით ვლოცულობ.

ნოემბერი, 2007 წელი

გეუმ-სუნ ვინ,

მთავარი რედაქტორი

# სარჩევი

წინასიტყვაობა
წინასიტყვაობა

თავი 1
ისრაელი: ღმერთის რჩეული

    ადამიანთა მოდგმის დამუშავების დასაწყისი _ 3
    დიდი წინაპრები _ 21
    ადამიანები, რომლებიც საუბრობენ უფალზე _ 43

თავი 2
ღმერთის გამოგზავნილი მესია

    ღმერთი გვპირდება მესიას _ 65
    მესიას შესაძლებლობები _ 73
    იესო ასრულებს წინასწარმეტყველებებს _ 91
    იესოს სიკვდილი და წინასწარმეტყველებები
        ისრაელზე _ 101

თავი 3

ღმერთი, რომლისაც ისრაელს სწამს

რჯული და ტრადიციები _ 111
ღმერთის ჭეშმარიტი მიზანი რჯულის გაცემისა _ 123

თავი 4

უყურე და მოუსმინე!

სამყაროს დასასრულისაკენ _ 147
ათი ფეხის თითი _ 167
ღმერთის უცვლელი სიყვარული _ 182

„დავითის ვარსკვლავი,“ ებრაული საზოგადოების სიმბოლო, ისრაელის დროშაზე

# თავი 1

# ისრაელი: ღმერთის რჩეული

# ადამიანთა მოდგმის დამუშავების დასაწყისი

მოსემ, ისრაელის დიდმა ლიდერმა, რომელმაც ეგვიპტეში ხალხი მონობისგან იხსნა და წარუძღვა მათ კანაანის მიწაზე და მსახურობდა როგორც ღმერთის რწმუნებული, თავისი სიტყვა წიგნ დაბადებაში, შემდეგი სიტყვებით დაიწყო:

*„თავდაპირველად ღმერთმა შექმნა ცა და მიწა" (1:1).*

ექვს დღეში ღმერთმა შექმნა ცა და მიწა და ყველაფერი მასში და მეშვიდე დღეს დაისვენა და ეს დღე დალოცა და აკურთხა. მაშ, რატომ შექმნა ღმერთმა სამყარო და ყველაფერი მასში? რატომ შექმნა მან ადამიანი და ადამის შემდეგ რატომ მისცა უფლება ხალხს დედამიწაზე ეცხოვრა?

## ღმერთს სურდა ის, ვისაც სიყვარულს საუკუნოდ გაუზიარებდა

ზეცის და დედამიწის შექმნამდე, ყოვლისშემძლე

ღმერთი არსებობდა უსასრულო სამყაროში როგორც სინათლე, რომელშიც იყო სიტყვა. ხანგრძლივი მარტოობის შემდეგ, ღმერთს სურდა ჰყოლოდა ის, ვისაც საუკუნოდ გაუზიარებდა სიყვარულს.

ღმერთი არა მარტო ღვთაებრივ ბუნებას ფლობდა, არამედ ადამიანურ ბუნებასაც, რომლითაც იგი გრძნობდა სიხარულს, სიბრაზეს, მწუხარებას და სიამოვნებას. ამიტომ, მას სურდა სხვებთან სიყვარულის გაზიარება. ბიბლიაში მრავალი მინიშნებაა, რომელიც მიუთითებს იმაზე, რომ ღმერთი ადამიანურ ბუნებას ფლობს. იგი ნასიამოვნები იყო ისრაელიტების სამართლიანი ქმედებებით (რჯული 10:15; იგავნი 16:7), მაგრამ წუხდა და ბრაზდებოდა, როდესაც ისინი ცოდვას იდენდნენ (გამოსვლა 32:10; რიცხვნი 11:1, 32:13).

არის დრო, როდესაც ადამიანს სურს მარტო იყოს, მაგრამ სიხარულით ივსება როდესაც მეგობარი ჰყავს, რომელსაც შეუძლია თავისი გული გაუზიაროს. რადგან ღმერთი ადამიანურ ბუნებას ფლობდა, მას სურდა ჰყოლოდა ის ადამიანები, რომლებსაც გაუზიარებდა თავის სიყვარულს.

„არ იქნებოდა სასიხარულო რომ მყოლოდა ისეთი შვილები, რომლებსაც გავუზიარებდი ჩემს გულს და რომლებსაც მივცემდი ჩემს სიყვარულს ამ უსასრულო სამყაროში?"

არჩევის დროს, ამიტომ, ღმერთმა დაგეგმა

ჭეშმარიტი შვილების შეძენის გეგმა, რომლებიც მის შემდეგ განაგრძობდნენ. ამ მიზნისათვის, ღმერთმა არა მარტო სულიერი სამყარო შექმნა, არამედ ფიზიკური სამყაროც, სადაც ადამიანთა მოდგმა იცხოვრებდა.

ზოგმა შეიძლება იფიქროს, „ზეცაში მრავალი ზეციური ანგელოზი არსებობს, რომლებიც მას ემორჩილებიან. რატომ შექმნა ღმერთმა ადამიანი?" თუმცა, გარდა რამდენიმა ანგელოზისა, ზეციურ არსებებს არ აქვთ ადამიანური ბუნება, რაც ყველაზე მნიშვნელოვანია იმ ელემენტებიდან, რომლებიც საჭიროა სიყვარულის ერთამანეთისათვის გაზიარებისთვის: თავისუფლება, რომელიც მათ თვითონ აირჩიეს. ასეთი ზეციური არსებები რობოტებივით არიან; ისინი ემორჩილებიან ბრძანებებს, მაგრამ სიხარულის, მწუხარების ან სიამოვნების განცდის გარეშე, მათ გულის სიღრმიდან არ შეუძლიათ სიყვარული გასცენ ან მიიღონ.

წარმოიდგინეთ არსებობს ორი შვილი და ერთ-ერთი მათგანი, ემოციების, აზრების და სიყვარულის გამოხატვის გარეშე, მორჩილია და აკეთებს იმას, რასაც ეუბნებიან. მეორე შვილი, მიუხედავად იმისა, რომ იგი დრო და დრო იმედს უცრუებს თავის მშობლებს საკუთარი ნებით, სწრაფად ნანობს თავის დანაშაულს, სიყვარულით ეკიდება თავის მშობლებს და სხვადასხვა გზით გამოხატავს თავის გულს.

ამ ორიდან, რომელს აირჩევდით? თქვენ

სავარაუდოდ აირჩევდით მეორეს. მაშინაც კი, თუ რობოტი გყავთ, რომელიც ყველანაირ სამუშაოს ასრულებს თქვენთვის, არცერთი თქვენთაგანი არ არჩევდით რობოტს საკუთარი შვილის ნაცვლად. ანალოგიურად, ღმერთს სურს ადამიანი, რომელიც სიხარულით დაემორჩილება მას საკუთარი ნებითა და ემოციებით.

## ღმერთის განგება ჭეშმარიტი შვილების შესაძენად

პირველი ადამიანის, ადამის შექმნის შემდეგ, ღმერთმა შექმნა ედემის ბაღი და მისცა მას ამ ადგილის მართვის უფლება. ყველაფერი ნაყოფიერი იყო ედემის ბაღში და ადამი მართავდა ყველაფერს საკუთარი ნებით და ძალაუფლებით, რომელიც მას ღმერთმა მისცა. თუმცა, იყო ერთი რამ, რაც ღმერთმა მას აუკრძალა.

> „ყველა ხის ნაყოფი გეჭმევა ამ ბაღში; მხოლოდ კეთილის და ბოროტის შეცნობის ხის ნაყოფი არ შეჭამო, რადგან როგორც კი შეჭამ, მოკვდებით"
> (დაბადება 2:16-17).

ეს იყო სისტემა, რომელიც ღმერთმა დააარსა შემოქმედ ღმერთსა და შექმნილ ადამიანთა მოდგმას შორის და მას სურდა, რომ ადამი დამორჩილებოდა

საკუთარი ნებით და გულის სიღრმიდან. თუმცა, ხანგრძლივი დროის შემდეგ, ადამმა ვერ დაიცვა ღმერთის სიტყვა და ჩაიდინა დაუმორჩილებლობის ცოდვა.

დაბადება 3-ში არის შემთხვევა, როდესაც გველმა, რომელიც სატანის მიერ იყო წაქეზებული, ჰკითხა ევას, „მართლა გითხრათ ღმერთმა, ბაღის არცერთი ხის ნაყოფი არ შეჭამოთო?“ (სტროფი 1) ევამ მიუგო, „გვითხრა ღმერთმა; არ გაეკაროთ [ხეს, რომელიც ბაღის შუაგულში იდგა], თორემ მოკვდებითო“ (სტროფი 2).

ღმერთმა გარკვევით უთხრა ევას, „რადგან როგორც კი შეჭამ, მოკვდებით,“ მაგრამ ევამ შეცვალა ღმერთის ნათქვამი და თქვა, „მოკვდებიო“.

როდესაც გააცნობიერა, რომ ევას გულით არ მიუღია ღმერთის ბრძანება, გველმა უფრო აგრესიულად დაიწყო მისი შეცდენა. „არ მოკვდებით“ გველმა უთხრა ევას. და დაამატა, „მაგრამ იცის ღმერთმა, რომ როგორც კი შეჭამთ, თვალი აგეხილებათ და შეიქნებით ღმერთივით კეთილისა და ბოროტის შემცნობელნი“ (სტროფი 5).

როდესაც გველმა ევას გონებაში გაუმაძღობა ჩაჰბერა, აკრძალული ხე მის თვალში განსხვავებულად გამოიყურებოდა. ხე საჭმელად გემრიელად გამოიყურებოდა და თვალისთვის სასიამოვნოდ. ევამ

შეჭამა ნაყოფი და თავის კაცსაც მისცა ერთი და მანაც შეჭამა.

ასე ჩაიდინეს ადამმა და ევამ ღმერთის სიტყვაზე დაუმორჩილებლობის ცოდვა და რასაკვირველია შეხვდათ სიკვდილი (დაბადება 2:17).

აქ „სიკვდილი" არა ხორციელ სიკვდილს ნიშნავს, არამედ სულიერ სიკვდილს. აკრძალული ხის ნაყოფის შემდეგ, ადამს ეყოლა შვილები და მოკვდა 930 წლის ასაკში (დაბადევა 5:2-5). მხოლოდ აქედან, ჩვენ ვხედავთ, რომ „სიკვდილი" აქ არ გულისხმობს ფიზიკურ სიკვდილს.

ადამიანი თავდაპირველად შეიქმნა როგორც სულის, სამშვინველის და სხეულის ნარევი. იგი ფლობდა სულს, რომლითაც შეეძლო ღმერთთან ურთიერთობა; სამშვინველი კი სულის კონტროლის ქვეშ იყო და სხეული, ემსახურებოდა სულს და სამშვინველს, როგორც დამცველი. ღმერთის ბრძანების მიტოვების და ცოდვის ჩადენის გამო, სული მოკვდა და მისი ღმერთთან ურთიერთობაც გაწყდა და ეს არის „სიკვდილი", რომელზეც ღმერთმა დაბადება 2:17-ში ისაუბრა.

ცოდვის ჩადენის შემდეგ, ადამი და ევა გამოიდევნენ ლამაზი ედემის ბაღიდან. ამგვარად დაიწყო ადამიანთა მოდგმის წამება. ქალებისთვის მშობიარობის დროს ტკივილი გაიზარდა, როდესაც კაცებს დაწყევლილი მიწიდან უნდა ეჭამათ მძიმე

შრომით (დაბადება 3:16-17).

დაბადება 3:23 გვეუბნება, *„გაუშვა იგი უფალმა ღმერთმა ედემის ბაღიდან, რომ დაემუშავებინა მიწა, საიდანაც იყო აღებული."* აქ, „მიწის დამუშავება" გამოხატავს არა მარტო მამაკაცის შრომით მიწიდან ჭამას, არამედ იმ ფაქტს, რომ მას – რომელიც მიწის მტვრიდან იყო ჩამოყალიბებული – ასევე უნდა „დაემუშავებინა თავისი გული," როდესაც დედამიწაზე ცხოვრობდა.

## ადამიანთა მოდგმის დამუშავება იწყება ადამის მიერ ცოდვის ჩადენით

ადამი შეიქმნა როგორც ცოცხალი არსება და გულში სიბოროტე არ ჰქონია, ამიტომ მას არ სჭირდებოდა გულის დამუშავება. თუმცა, ცოდვის ჩადენის შემდეგ, ადამის გული არაჭეშმარიტებით დაისვარა და შემდეგ მას სჭირიდებოდა გულის დამუშავება ისეთ წმინდა გულად, რომელიც ცოდვის ჩადენამდე ჰქონდა.

ამგვარად, ადამს უნდა დაემუშავებინა გული, რომელიც აივსო არაჭეშმარიტებით და ცოდვებით და შეეცვალა წმინდა და სუფთა გულით და გამხდარიყო ღმერთის ჭეშმარიტი შვილი. როდესაც ბიბლია ამბობს, „გაუშვა იგი უფალმა ღმერთმა ედემის ბაღიდან, რომ დაემუშავებინა მიწა, საიდანაც იყო აღებული," ეს ამას ნიშნავს და გულისხმობს „ღმერთის ადამიანთა

მოდგმის დამუშავებას."

პირობითად, „დამუშავება" გულისხმობს პროცედურას, როდესაც ფერმერი თესავს თესლს, უვლის თავის მოსავალს და შემდეგ იღებს ნაყოფს. იმისათვის, რომ ადამიანთა რაობა „დაემუშავებინა" დედამიწაზე და მიეღო კარგი ნაყოფი, რაც ნიშნავს „ღმერთის ჭეშმარიტ შვილებს," ღმერთმა თავდაპირველად დათესა თესლები, ადამი და ევა. ადამის და ევას მეშვეობით, რომლებიც არ დაემორჩილნენ ღმერთს, მრავალი ადამიანი დაიბადა და ღმერთის ადამიანთა მოდგმის დამუშავებით, კიდევ მრავალი ადამიანი დაიბადა როგორც ღმერთის შვილები, თავიანთი გულების დამუშავებით და ღმერთის დაკარგული გამოსახულების აღდგენით.

ამგვარად, „ღმერთის ადამიანთა მოდგმის დამუშავება" ეხება მთელს პროცესს, რომელშიც ღმერთი მართავს მთელს ადამიანთა მოდგმის ისტორიას, მათი შექმნიდან განაჩენის დღემდე, რათა ჭეშმარიტი შვილები შეიძინოს.

ზუსტად როგორც ფერმერი პირველი თესლის დათესვის შემდეგ უძლებს წყალდიდობებს, გვალვას, ყინვას და სეტყვას, და ბოლოს იღებს სასიამოვნო მოსავალს, ღმერთი აკონტროლებს ყველაფერს, რათა ჭეშმარიტი შვილები მიიღოს, რომლებიც გადაიტანენ სიკვდილს, ავადმყოფობას, განშორებას და ამგვარ ტანჯვებს დედამიწაზე ცხოვრებისას.

## მიზეზი იმისა თუ რატომ აღმოაცენა ღმერთმა ხე სიცოცხლისა და ხე კეთილისა და ბოროტის შეცნობის ედემის ბაღში

ზოგი ადამიანი კითხულობს, „რატომ აღმოაცენა ღმერთმა ხე სიცოცხლისა და ხე კეთილისა და ბოროტის შეცნობის ედემის ბაღში, რომლითაც წამოვიდა ცოდვა და მოჰყვა განადგურება?" თუმცა, მიზეზი, თუ რატომ აღმოაცენა ღმერთმა ეს ხე ედემის ბაღში, იყო ღმერთის გასაოცარი განგება, რომლითაც იგი ადამიანებს ცნობიერებას აუმაღლებდა ფარდობითობის შესახებ.

ხალხის უმრავლესობა ვარაუდობს, რომ ადამი და ევა ბედნიერები იყვნენ ედემის ბაღში ცხოვრებით, რადგან იქ არ იყო ცრემლები, მწუხარება ან ავადმყოფობა. მაგრამ ადამმა და ევამ არ იცოდნენ ჭეშმარიტი ბედნიერება და სიყვარული, რადგან მათ წარმოდგენაც კი არ ჰქონდათ ედემის ბაღში ფარდობითობის შესახებ.

მაგალითად, როგორი რეაქცია ექნებოდა ორ ბავშვს, როდესაც ერთი და იგივე სათამაშოს მიიღებდნენ, თუ კი ერთი მდიდარ ოჯახში გაიზარდა და მეორე კი ღარიბ ოჯახში? მეორე ბავშვი უფრო მადლიერი და სიხარულით სავსე იქნებოდა, ვიდრე მდიდარი ოჯახის შვილი.

თუ კი გესმის რაიმეს ჭეშმარიტი ფასი, შენ უნდა

იცოდა და გამოცადო მისი საწინააღმდეგო. მხოლოდ მაშინ შეძლებ კარგი ჯანმრთელობის ფასის დაფასებას, როდესაც ავადმყოფობისგან დაიტანჯები. მხოლოდ მაშინ, როდესაც შეიცნობ სიკვდილს და ჯოჯოხეთს, შენ შეძლებ საუკუნო სიცოცხლის დაფასებას და გულის სიღრმიდან მადლობას გადაუხდი სიყვარულის ღმერთს საუკუნო ზეცის მოცემისათვის.

ნაყოფიერ ედემის ბაღში, ადამი ყველაფრისგან იღებდა სიამოვნებას, რასაც ღმერთი აძლევდა, და მას იმის ძალაუფლებაც კი ჰქონდა, რომ ყველაფერზე ებატონა. თუმცა, რადგან ეს ყველაფერი მისი ოფლით ნაშოვნი არ იყო, ადამს ვერ დაეფასებინა მათი მნიშვნელობა ან ღმერთი, რომელმაც მას ეს ყველაფერი მისცა. მხოლოდ მაშინ, როდესაც ადამი გამოიდევნა დედამიწაზე და გამოცადა ცრემლები, მწუხარება, ავადმყოფობები, ტანჯვა, უბედურება და სიკვდილი, გაიგო მან განსხვავება სიხარულსა და მწუხარებას შორის და თუ როგორი ძვირფასი იყო თავისუფლება და ნეტარება, რომელიც მას ღმერთმა მისცა ედემის ბაღში.

რატომ იქნებოდა კარგი საუკუნო სიცოცხლე, თუ კი არ გვეცოდინებოდა სიხარული ან მწუხარება? მიუხედავად იმისა, რომ რაღაც დროის განმავლობაში გაჭირვებაში ვართ, თუ ჩვენ მოგვიანებით გავაცნობიერებთ და ვიტყვით, „ეს არის სიხარული!“ ჩვენი ცხოვრება უფრო საყურადღებო და ბედნიერი

გახდება.

არსებობენ მშობლები, რომლებიც თავიანთ შვილებს სკოლაში არ გაუშვებდნენ და სახლში დატოვებდნენ, რადგან მათ იციან რომ სწავლა რთულია? თუ კი მშობლებს ჭეშმარიტად უყვართ თავიანთი შვილები, ისინი მათ სკოლაში გაუშვებენ და წარუძღვებიან, რომ ისწავლონ ბეჯითად და გამოცადონ სხვადასხვა სირთულეები, რათა უკეთესი მომავალი ჰქონდეთ.

ღმერთის გული, რომელმაც ადამიანთა მოდგმა შექმნა, არის ზუსტად ასეთი. ზუსტად ამ მიზეზის გამო, ღმერთმა აღმოაცენა ხე, ადამიანს უფლება მისცა საკუთარი ნებით ეჭამა ამ ხის ნაყოფი, და გამოეცადა სიხარული, სიბრაზე, მწუხარება და სიამოვნება ადამიანთა მოდგმის დამუშავების დროს. ეს იმიტომ, რომ ადამიანს მხოლოდ მაშინ შეუძლია ღმერთის სიყვარული და დიდება, რომელიც თვით სიყვარული და ჭეშმარიტებაა, როდესაც გამოცდის ფარდობითობას და გაიგებს ჭეშმარიტ სიყვარულს, სიხარულს და მადლიერებას.

ადამიანის დამუშავების პროცესით, ღმერთს სურდა მიეღო ჭეშმარიტი შვილები, რომლებიც გაიგებდნენ მის გულს და რომლებთან ერთადაც შეძლებდა ზეცაში ცხოვრებას სიყვარულის სამუდამოდ გაზიარებით.

## კაცობრიობის გაშენება იწყება ისრაელში

როდესაც პირველი ადამიანი, ადამი, ედემის

ბაღიდან გამოდევნილ იქნა მას შემდეგ რაც არ დაემორჩილა ღმერთის სიტყვას, მას არ ჰქონდა უფლება აერჩია მიწა, სადაც იცოხვრებდა; ღმერთმა დაუნიშნა მას საცხოვრებელი ადგილი. ეს ადგილი იყო ისრაელი.

ამაში ჩაბეჭდილი იყო ღმერთის ნება და განგება. ამის შემდეგ, ღმერთმა ისრაელის ხალხი აირჩია როგორც ადამიანთა მოდგმის დამუშავების ნიმუში. ამ მიზეზის გამო, ღმერთმა განსაკუთრებით მისცა ადამს უფლება ახალი ცხოვრებით ეცხოვრა იმ მიწაზე, სადაც მომავალში ისრაელის სახელმწიფო აშენდებოდა.

გარკვეული დროის შემდეგ, მრავალი ერი გამრავლდა ადამის შთამომავლობით და ისრაელის სახელმწიფო აშენბდა იაკობის, აბრაამის შთამომავალის დროს. ღმერთს სურდა თავისი დიდება და ადამიანთა მოდგმის დამუშავების განგება გამოემჟღავნებინა ისრაელის ისტორიით. ეს არა მარტო ისრაელიტებისთვის იყო, არამედ მთელი მსოფლიოს ხალხისათვის. ამგვარად, ისრაელის ისტორია, რომელსაც ღმერთი მართავს არა უბრალო ხალხის ისტორიაა, არამედ საღვთო მოწოდება მთელი ადამიანთა მოდგმისათვის.

მაშინ, რატომ აირჩია ღმერთმა ისრაელი ადამიანთა მოდგმის დამუშავების ნიმუშად? ეს იყო მათი ჩინებული თავისებურების გამო, სხვა სიტყვებით რომ

ვთქვათ, მათი საუცხოო იდუმალების გამო.

ისრაელი არის „რწმენის მამის," აბრაამის შთამომავალი, რომელიც ღმერთს დიდად ასიამოვნებდა და ასევე იაკობის შთამომავალი, რომელიც იმდენად შეუპოვარი იყო, რომ ღმერთს შეებრძოლა და გაიმარჯვა. ზუსტად ამიტომ, საკუთარი მამულის დაკარგვის შემდეგაც კი, ისრაელის ხალხს არ დაუკარგავს თავისი ინდივიდუალურობა.

პირველ რიგში, ისრაელის ხალხმა ათასობით წლის განმავლობაში ღმერთის სიტყვა შეინახა, რომელიც ნაწინასწარმეტყველები იქნა ღმერთის ხალხის მიერ. რა თქმა უნდა, იყო დრო, როდესაც მთელი ერი შორს წავიდა ღმერთისგან და ცოდვები ჩაიდინეს, მაგრამ საბოლოოდ მოინანიეს და დაუბრუნდნენ ღმერთს. მათ არასოდეს დაუკარგავთ თავიანთი რწმენა უფალ ღმერთში.

დამოუკიდებელი ისრაელის აღდგენა მეოცე საუკუნეში, ცხადად გვაჩვენებს, თუ როგორი გული აქვთ იაკობის შთამომავლებს.

ეზეკიელი 38:8 გვეუბნება, *„მრავალი დღის შემდეგ დაგიდგება ჟამი და უკანასკნელ წლებში შეხვალ მახვილს გადარჩენილ ქვეყანაში, მრავალი ხალხისგან შემოკრებილში, ისრაელის მთებზე, რომელიც მუდამ უკაცრიელი იყო; ისინი გამოვლენ ხალხებიდან და უზრუნველად იცხოვრებენ ყველანი."* აქ, „უკანასკნელი წლები" გულისხმობს დროის დასასრულს, როდესაც ადამიანთა მოდგმის დამუშავება დასასრულისკენ წავა

და „ისრაელის მითები" ნიშნავს იერუსალიმის ქალაქს, რომელიც დაახლოებით ზღვის დონიდან 760 მეტრზეა.

ამგვარად, როდესაც წინასწარმეტყველი ეზეკიელი ამბობს, რომ მრავალი „ხალხი შეიკრიბება *ისრაელის მთებში,"* ეს იმას ნიშნავს, რომ ისრაელის ხალხი მთელი მსოფლიოდან შეიკრიბება და აღადგენს ისრაელის სახელმწიფოს. ღმერთის ამ სიტყვის თანახმად, ისრაელმა, რომელიც რომაელების მიერ განადგურებულ იქნა ქრისტეს შობიდან 70 წელს, გამოაცხადა მისი სახელმწიფოებრიობა 1948 წლის 14 მაისს.

მიზანი იმისა, თუ რატომ აირჩია ღმერთმა ისრაელიტები

რატომ დაიწყო ღმერთმა ადამიანთა მოდგმის დამუშავება ისრაელის მიწაზე? რატომ აირჩია მან ისრაელის ხალხი და რატომ დაიწყო ისრაელის ისტორიის მართვა?

პირველი, ღმერთს სურდა, რომ ყოველი ერისთვის გამოეცხადებინა ისრაელის ისტორიით, რომ იგი არის ზეცების და დედამიწის შემქმნელი, რომ იგი არის ჭეშმარიტი ღმერთი და რომ იგი ცოცხალია. ისრაელის ისტორიის შესწავლით, წარმართებსაც კი ადვილად შეუძლიათ ღმერთის არსებობის შეგრძნება.

*„დაინახავს ქვეყნის ყველა ხალხი, რომ უფლის სახელია შენზე დარქმეული და შეეშინდებათ შენი“* (რჯული 28:10).

*ნეტარი ხარ, ისრაელო! ვინ შეგედრება შენ, ხალხო, გადარჩენილო უფლის მიერ, რომელიც შენი მფარველი ფარია და შენი დიდების მახვილი! მტრები დაგიწყებენ ლაქუცს, შენ კი გადაჯეგავ მათ სათაყვანო გორაკებს“* (რჯული 33:29).

ღმერთის რჩეულმა, ისრაელმა დიდი პრივილეგიით ისარგებლა და ამის ადვილად დანახვა ისრაელის ისტორიიდან შეგვიძლია.

მაგალითად, როდესაც რახაბმა მიიღო ორი კაცი, რომლებიც იესონავემ გამოგზავნა კანაანის მიწის სათვალთვალოდ, მან მიუგო მათ, *„გვსმენია, როგორ ამოაშრო თქვენს წინამე უფალმა მეწამული ზღვა, როცა ეგვიპტიდან გამოდიოდით, რა უყავით ორ ამორეველ მეფეს, იორდანეს გაღმელო სიხონსა და ყოგს, რომელთაც მუსრი გაავლეთ. შევიტყვეთ და შეგვიდრკა გული, მხნეობა აღარავის შერჩა თქვენს გამო, რადგან უფალი, თქვენი ღმერთი ღმერთია მაღლა ცაში და დაბლა დედამიწაზე“* (იესონავე 2:9-11).

ბაბილონში ისრაელიტების ტყვეობისას, ღმერთი დანიელთან ერთად იყო და ბაბილონის მეფემ,

ნაბუქოდონოსორმა შეიგრძნო ღმერთი, რომელიც დანიელთან იყო. როდესაც მეფემ ღმერთის განცდა მიიღო, მას მხოლოდ მისი დიდება შეეძლო, *„ვაქებ, ვადიდებ და ხოტბას ვასხამ ზეციერ მეფეს, რადგან ჭეშმარიტია ყველა მისი საქმე, სამართლიანია მისი გზები და მას შეუძლია დაამდაბლოს ამაყად მავალნი“* (დანიელი 4:37).

იგივე რამ მოხდა როდესაც ისრაელი სპარსეთის მეფობის ქვეშ იყო. როდესაც დაინახა ცოცხალი ღმერთის საქმე და დედოფალი ესთერის ლოცვაზე პასუხი, *„ქვეყნის ბევრი ხალხი გაიუდაელდა, რადგან იუდაელთა შიშმა მოიცვა ისინი“* (ესთერი 8:17).

ამგვარად, როდესაც წარმართებმაც კი გამოცადეს ცოცხალი ღმერთი, რომელიც ისრაელიტებისთვის მუშაობდა, მათ დაიწყეს მისი დიდება.

მეორე, ღმერთმა აირჩია ისრაელი და წარუძღვა მის ხალხს, რადგან მას სურდა, რომ მთელს ადამიანთა მოდგმას ისრაელის ისტორიით გაეცნობიერებინათ იმის მიზეზი, თუ რატომ შექმნა მან ადამიანები.

ღმერთმა იმიტომ შექმნა ადამიანთა მოდგმა, რომ მას სურს ჭეშმარიტი შვილების შეძენა. ღმერთის ჭეშმარიტი შვილი არის ის, ვინც ბაძავს ღმერთს, რომელიც არის სიკეთე და სიყვარული და სამართლიანი და წმინდა. ეს იმიტომ, რომ ღმერთის ასეთ შვილებს უყვართ ღმერთი და მისი ნების მიხედვით ცხოვრობენ.

როდესაც ისრაელი ღმერთის ბრძანებებით ცხოვრობდა და ემსახურებოდა მას, მან ისრაელიტები ყოველ ერზე მაღლა დააყენა. თუმცა, როდესაც ისრაელის ხალხი კერპებს სცემდა თაყვანს და მიატოვეს ღმერთის ბრძანებები, მათ მრავალი ტანჯვა გადახდათ, ომების, ბუნებრივი უბედურებების და ტყვეობების ჩათვლით.

პროცესის თითოეული ნაბიჯის მეშვეობით, ისრაელიტებმა ისწავლეს თავმდაბლობა ღმერთის წინაშე და ღმერთმა აღადგინა ისრაელი თავისი ერთგული წყალობითა და სიყვარულით.

როდესაც სოლომონ მეფეს ღმერთი უყვარდა და მის ბრძანებებს ემორჩილებოდა, მას დიდი დიდება და სიმდიდრე ჰქონდა, მაგრამ როდესაც მეფე ღმერთს ჩამოშორდა და კერპებს სცემდა თაყვანს, მისმა დიდებამ და სიმდიდრემ იკლო. როდესაც ისრაელის მეფეები, როგორებიც იყვნენ დავითი, იოსაფათი და ეზეკია, ღმერთის რჯულის თანახმად ცხოვრობდნენ, სახელმწიფო იყო ძლიერი და აყვავებული, მაგრამ იყო სუსტი და უცხოური დაპყრობების სუბიექტი იმ მეფეთა მეფობის დროს, რომლებმაც გადაუხვიეს ღმერთის გზიდან.

ამ გზით ისრაელის ისტორია აშკარად ამჟღავნებს ღმერთის ნებას და ემსახურება როგორც სარკე, რომელიც ირეკლავს ღმერთის ნებას ყოველი

ადამიანისა და ერისათვის. მისი ნება აცხადებს, რომ როდესაც ადამიანები დაიცავენ მის ბრძანებებს და იკურთხებიან მისი სიტყვის თანახმად, ისინი მიიღებენ ღმერთის წყალობას.

ისრაელი არჩეულ იქნა, რათა ღმერთის განგება გამოემჟღავნებინა ყოველი ერისათვის და მიიღო უზარმაზარი კურთხევა მისი მსახურობით როგორც მღვდლების ერმა. მაშინაც კი, როდესაც ისრაელის ხალხი ცოდვას ჩადიოდა, ღმერთი პატიობდა მათ ცოდვებს და აღადგენდა მათ, თუ კი ისინი მოინანიებდნენ თავმდაბალი გულებით, ზუსტად როგორც მან ისრაელის ხალხის წინაპრებს დაჰპირდა.

გარდა ამისა, ყველაზე დიდი კურთხევა, რომელსაც მათ ღმერთი დაპირდა, იყო გასაოცარი დიდების დაპირება, რომ მესია მათ შორის მოვიდოდა.

# დიდი წინაპრები

ადამიანთა მოდგმის გრძელი ისტორიის საშუალებით, ღმერთმა დაიცვა ისრაელის თავისი ფრთებით და ღმერთის ხალხი გაგზავნა წინასწარ დანიშნულ დროს, რათა ისრაელის სახელი არ გამქრალიყო. ღმერთის ადამიანები იყვნენ ისინი, რომლებიც წარსდგნენ როგორც შესაფერისი ნაყოფები ღმერთის ადამიანთა მოდგმის დამუშავების განგების მიხედვით და ცხოვრობდნენ ღმერთის სიტყვით. ღმერთმა ჩაყარა ისრაელის ერის საძირკველი ისრაელის დიდი წინაპრების მეშვეობით.

## აბრაამი, რწმენის მამა

აბრაამი თავისი რწმენითა და მორჩილებით, აღიარებულ იქნა როგორც რწმენის მამა და უნდა წაძღოლოდა დიდ ერს. იგი დაიბადა დაახლოებით 4000 წლის წინათ ქალდეას ურში და მას შემდეგ რაც მას ღმერთმა დაუძახა, მან მოიგო ღმერთის სიყვარული და აღიარება და ეწოდა ღმერთის „მეგობარი“.

ღმერთმა დაუძახა აბრაამს და შემდეგი დაპირება მისცა:

*„წადი შენი ქვეყნიდან, შენი სამშობლოდან, მამაშენის სახლიდან იმ ქვეყანაში, რომელსაც მე გიჩვენებ. გაქცევ დიდ ხალხად, გაკურთხებ და განვადიდებ შენს სახელს და კურთხეული იქნები“* (დაბადება 12:1-2).

იმ დროს, აბრაამი აღარ იყო ახალგაზრდა ბიჭი, არ ჰყავდა მემკვიდრე და ისიც კი არ იცოდა, თუ სად მიდიოდა; ამიტომ, ადვილი არ იყო დამორჩილებოდა. მიუხედავად იმისა, რომ არ იცოდა სად მიდიოდა, აბრაამი გზას გაუდგა, რადგან მას სწამდა მხოლოდ ღმერთის სიტყვის, რომელიც არასოდეს არღვევს თავის დაპირებას. ამგვარად, აბრაამი დადიოდა რწმენით და მისი სიცოცხლის განმავლობაში, მან მიიღო ის ყოველი კურთხევა, რომელსაც მას ღმერთი დაპირდა.

აბრაამს ღმერთისთვის არ უჩვენებია მხოლოდ სრულყოფილი მორჩილება და რწმენის ქმედებები, იგი ყოველთვის სიკეთეს და სიმშვიდეს აყალიბებდა გარშემომყოფებთან.

მაგალითად, როდესაც აბრაამმა დატოვა ქანანი ღმერთის ბრძანების თანახმად, და თავისი ძმისწული, ლოტიც თან წაიყვანა. როდესაც მათი ქონება გაიზარდა, აბრაამს და ლოტს აღარ შეეძლოთ ერთი და იგივე მიწაზე დარჩენა. საძოვრის და წყლის ნაკლებობამ ბრძოლა გამოიწვია „აბრაამის პირუტყვის მწყემსსა და ლოტის პირუტყვის მწყემსს შორის“ (დაბადება 13:7).

მიუხედავად იმისა, რომ აბრაამი ბევრად უფროსი იყო, მას არ მოუთხოვია თავისი სარგებლობები. მან ლოტს დაუთმო, რომ უკეთესი მიწა აერჩია. მან ლოტს უთხრა დაბადება 13:9-ში *„განა შენს წინ არ არის მთელი ეს ქვეყანა? გამეყარე და თუ შენ მარცხნივ წახვალ, მე მარჯვნივ წავალ, თუ მარჯვნივ წახვალ, მე მარცხნივ წავალ.“*

და რადგან აბრაამი წმინდა გულის პატრონი იყო, მას არასოდეს არაფერი აუღია, რაც სხვისი იყო (დაბადება 14:23). როდესაც ღმერთმა მას უთხრა, რომ ცოდვებით სავსე სოდომის და გომორის ქალაქები განადგურებულ იქნებოდა, აბრაამმა, სულიერი სიყვარულის ადამიანმა, სთხოვა ღმერთს და მიიღო მისი სიტყვა, რომ სოდომი არ განადგურდებოდა, თუ კი ათი სამართლიანი ადამიანი მაინც იქნებოდა იქ.

აბრაამის სიკეთე და რწმენა იმდენად სრულყოფილი იყო, რომ ღმერთის იმ ბრძანებას დაემორჩილა, რომელიც მისი ერთადერთი ვაჟის შეწირვას მოითხოვდა.

დაბადება 22:2-ში, ღმერთმა უბრძანა აბრაამს, *„მოჰკიდე ხელი შენს შვილს, შენს მხოლოდშობილს, რომელიც გიყვარს, ისაკს, და წადი მორიას მხარეში. იქ შესწირე აღსავლენ მსხვერპლად ერთ მთაზე, რომელსაც გიჩვენებ.“*

ისააკი, აბრაამის ძე, დაიბადა მაშინ, როდესაც აბრაამი ასი წლის იყო. ისააკის დაბადებამდე, ღმერთმა აბრაამს უთხრა, რომ ის, რომელიც მისი სხეულიდან

მოვიდოდა, მისი მემკვიდრე იქნებოდა და რომ მისი შთამომავლობის რაოდენობა ვარსკვლავების რაოდენობის თანაბარი იქნებოდა. თუ კი აბრაამი ხორციელ ფიქრებს დაემორჩილეობდა, იგი ვერ შეძლებდა ღმერთის ბრძანების შესრულებას და ისააკის შეწირვას. მაგრამ, აბრაამი დაუყოვნებლივ დაემორჩილა ღმერთს.

ზუსტად იმ მომენტში, როდესაც აბრაამმა გასწია ხელი ისააკის შესაწირად, ღმერთის ანგელოზმა დაუძახა მას და უთხრა, *„აბრაამ, აბრაამ! ნუ აღმართავ ხელს ამ ყმაწვილზე, ნურაფერს დაუშავებ მას, რადგან მივხვდი, ღვთისმოშიში ყოფილხარ – მხოლოდშობილი შენი შვილი გამოიმეტე ჩემთვის"* (დაბადება 22:11-12). როგორი კურთხეული და ამაღელვებელი მომენტია ეს?

რადგან იგი არასოდეს დაყრდნობილა თავის ხორციელ აზრებზე, აბრაამის გულში არ ყოფილა წინააღმდეგობის გრძნობა ან მღელვარება და მხოლოდ რწმენით ემორჩილებოდა ღმერთის ბრძანებას. მან მთელი ნდობა ერთგულ ღმერთს გადასცა, რომელიც ყოველთვის ასრულებს თავის დანაპირებს, ყოვლისშემძლე ღმერთი, რომელიც აცოცხლებს მკვდრებს და სიყვარულის ღმერთი, რომელსაც მხოლოდ სიკეთე და ბედნიერება სურს თავისი შვილებისათვის. რადგან აბრაამის გული მორჩილი იყო და მხოლოდ რწმენის ქმედებებს ამჟღავნებდა, ღმერთმა აბრაამი რწმენის მამად მიიღო.

„რაკი ეს საქმე გააკეთე, რაკი მხოლოდშობილი შენი შვილი გამოიმეტე ჩემთვის, კურთხევით გაკურთხებ და გიმრავლებ შთამომავლობას ცის ვარსკვლავებივით და ზღვის ქვიშასავით; დაიმკვიდრებს შენი შთამომავლობა შენს მტერთა ქალაქებს; იკურთხებიან შენი შთამომავლობის წყალობით ქვეყნიერნი, რადგან შეისმინე ჩემი სიტყვა" (დაბადება 22:16-18).

რადგან აბრაამი ფლობდა სიკეთესა და რწმენას, რომელიც ღმერთს სიამოვნებდა, მას ეწოდა ღმერთის „მეგობარი" და რწმენის მამა. ასევე, იგი გახდა ყოველი ერის მამა და კურთხევის წყარო, ზუსტად როგორც ღმერთი დაპირდა მას, როდესაც პირველად მიუგო, „ვაკურთხებ შენს მაკურთხებელს და დავწყევლი შენს მაწყევარს; კურთხეული იქნება შენში მიწიერთა მთელი მოდგმა" (დაბადება 12:3).

## ღმერთის განგება იაკობის, ისრაელის მამის და იოსების მეშვეობით

ისააკი იყო რწმენის მამის, აბრაამის შვილი და ესავი და იაკობი იყვნენ ისააკის შვილები. ღმერთმა აირჩია იაკობი, რომლის გული უფრო დიდებული იყო ვიდრე თავისი ძმის, როდესაც ჯერ კიდევ დედის მუცელში იყო. იაკობს მოგვიანებით ეწოდა „ისრაელი" და გახდა ისრაელის ერის წყარო და თორმეტი ტომის მამა.

იაკობს მატყუარა ხასიათის თვისება ჰქონდა, მაგრამ ღმერთმა იცოდა, რომ როდესაც იაკობი შეიცვლებოდა, იგი გახდებოდა დიდებული მსახური. ამ მიზეზის გამო, ღმერთმა თორმეტწლიანი გამოცდა მისცა, რათა მისი საკუთარი მე მთლიანად განადგურებულიყო, და თავმდაბალი გამხდარიყო.

როდესაც იაკობმა ხელის წავლება სცადა თავისი ძმის, ესავის დაბადების უფლებაზე ეშმაკური გზით, ესავმა მისი მოკვლა სცადა და ამიტომ იაკობი უნდა გამქრალიყო. ყველაფრის შემდეგ, იაკობი ცხოვრობდა თავის ბიძასთან, ლაბანთან და აძოვებდა ცხვრებსა და თხებს. მას მძიმედ უნდა ეშრომა, რათა ეზრუნა თავისი ბიძის ცხვრებსა და თხებზე. ამგვარად, მან დაბადება 31:40-ში აღიარა, *„დღისით ხვატი მიწელებდა, ღამით – ყინვა; ძილი არ მეკარებოდა.“*

ღმერთი უკან აძლევს თითოეულ ადამიანს იმის და მიხედვით, თუ რაც დათესეს. მან დაინახა იაკობის ერთგულება და დალოცა იგი დიდი სიმდიდრით. როდესაც ღმერთმა უთხრა მას რომ სამშობლოში დაბრუნებულიყო, იაკობმა დატოვა ლაბანის სახლი და ოჯახთან და თავის სიმდიდრესთან ერთად გაუდგა გზას სამშობლოსაკენ. როდესაც იაბოკის მდინარეს მიაღწია, იაკობმა გაიგო, რომ მისი ძმა, ესავი, მდინარის მეორე მხარეს იყო 400 კაცთან ერთად.

იაკობი ვერ დაბრუნდებოდა ლაბანთან მისი თავისი ბიძისადმი დაპირების გამო. ვერც მდინარის გადაკვეთა შეეძლო და მისულიყო ესავთან, რომელიც

იწვებოდა შურისძიების გრძნობით. იგი არასასიამოვნო მდგომარეობაში იყო და აღარ ეყრდნობოდა თავის სიბრძნეს და ყველაფერი ღმერთს მიანდო ლოცვაში. იაკობი შეებრძოლა ღმერთს და დაძლია, ამიტომ ღმერთმა აკურთხა იგი, „*ამიერიდან აღარ ითქვას შენს სახელად იაკობი, არამედ ისრაელი, რადგან ღმერთს და ადამიანებს შეებრძოლე და სძლიე*" (დაბადება 32:28). შემდეგ იაკობი შეძლებდა თავის ძმასთან შერიგებას.

მიზეზი თუ რატომ აირჩია ღმერთმა იაკობი, იყო ის, რომ იაკობი ისეთი შეუპოვარი და პატიოსანი იყო, რომ გამოცდებით იგი გახდებოდა დიდებული მსახური, რათა ისრაელის ისტორიაში მნიშვნელოვანი როლი ეთამაშა.

იაკობს ჰყავდა თორმეტი ვაჟი და თორმეტმა ვაჟმა საძირკველი ჩადგა ისრაელის ერის ჩამოყალიბებაში. თუმცა, რადგან ისინი ჯერ კიდევ უბრალო ტომები იყვნენ, ღმერთმა დაგეგმა მათი განლაგება ეგვიპტის საზღვრებს შორის, რომელიც ძლიერი სახელმწიფო იყო, სანამ იაკობის შთამომავლობა გახდებოდა ძლიერი ერი.

ეს იყო სიყვარულის ღმერთის გეგმა, რომელიც იცავდა მათ სხვა ერებისგან. ადამიანი, რომელსაც ეს გასაოცარი მისია დაევალა, იყო იოსები, რომელიც იაკობის მეთერთმეტე ვაჟი იყო.

მის თორმეტ ვაჟთა შორის, იაკობს იოსები იმდენად უყვარდა, რომ ფერად-ფერადი მუნდირებით მოსავდა

ისრაელი: ღმერთის რჩეული

და ა.შ. იოსები გახდა თავისი ძმების სიძულვილის და შურის სამიზნე და ძმებმა იგი ჩვიდმეტი წლის ასაკში, მონად მიჰყიდეს ეგვიპტეს. მაგრამ მას არასოდეს უჩივია ძმებისათვის ან შეზიზღებია ისინი.

იოსები მიჰყიდეს პოტიფარის, ფარაონის მოხელის სახლს. იქ იგი ბეჯითად და პატიოსნად მუშაობდა და მოიგო პიტიფარის ნდობა. ამგვარად, იოსები გახდა პოტიფარის სახლის ზედამხედველი და საოჯახო საქმეები მას ევალებოდა.

თუმცა, პრობლემა გაჩნდა. იოსები მოხდენილი ადამიანი იყო გარეგნულად და მისი უფროსის მეუღლემ დაიწყო მისი შეცდენა. იოსები იყო პატიოსანი და გულწრფელად ეშინოდა ღმერთის, ამიტომ როდესაც მან შეაცდინა იგი, მან გაბედულად მიუგო, *„როგორ ჩავიდინო ეს დიდი ბოროტება და შევცოდო ღმერთს?“* (დაბადება 39:9)

ყოველივე ამის შემდეგ, მისი დაუსაბუთებელი ბრალდებებით, იოსები დაიჭირეს და იქ დაამწყვდიეს, სადაც მეფის პატიმრები ჰყავდათ დამწყვდეული. ამ ციხეშიც კი, ღმერთი იოსებთან ერთად იყო და მალევე მას ევალებოდა ყველაფერი, რაც კი ციხეში ხდებოდა.

ასე იოსებმა შეძლო სიბრძნის მიღება, რომლითაც მოგვიანებით სახელმწიფოს წარუძღვებოდა, დაამუშავებდა თავის პოლიტიკურ მზადებას, და გახდებოდა დიდებული მსახური.

ფარაონის სიზმრების განმარტვის შემდეგ და მას

შემდეგ, რაც შესთავაზა ფარაონის და მისი ხალხის მომავალი პრობლემების მოგვარება, ფარაონის შემდეგ იოსები გახდა ეგვიპტის მმართველი. ამგვარად, ღმერთის ღრმა განგებით და იოსების გამოცდებით, ღმერთმა იგი 30 წლის ასაკში იმ დროის ყველაზე ძლიერი ერის მეფისნაცვლად დანიშნა.

ზუსტად როგორც იოსებმა იწინასწარმეტყველა ფარაონის სიზმრები, შვიდ წლიანი შიმშილი ახლოვდებოდა ახლო აღმოსავლეთში ეგვიპტის ჩათვლით და რადგან იგი უკვე მზად იყო ასეთი მოვლენისათვის, იოსებმა შეძლო ეგვიპტელების გადარჩენა. იოსების ძმები მივიდნენ ეგვიპტეში საკვების საძებნელად, შეუერთდნენ თავიანთ ძმას და მალევე მთელი ოჯახი გადასახლდა ეგვიპტეში, სადაც სიმდიდრეში ცხოვრობდნენ და ჩამოაყალიბეს ისრაელის სახელმწიფო.

## მოსე: დიდებული ლიდერი, რომელმაც გამოსვლა რეალობად აქცია

ეგვიპტეში დაბინავების შემდეგ, ისრაელის შთამომავლობის და სიმდიდრის რიცხვი გაიზარდა და მალევე გახდა დიდი და მრავალრიცხოვანი სახელმწიფო.

როდესაც ახალი მეფე მოვიდა, რომელიც არ იცნობდა იოსებს, მან დაიწყო მცველობა ისრაელის შთამომავლების სიძლიერის და კეთილდღეობის

წინააღმდეგ. მეფემ და სასამართლოს ოფიციალურმა პირებმა მალე დაიწყეს ისრაელიტების სიცოცხლის გამწარება მძიმე შრომით (გამოსვლა 1:13-14).

თუმცა, „მაგრამ რაც უფრო ჩაგრავდნენ, მით უფრო მრავალრიცხოვანი ხდებოდა და ვრცელდებოდა ხალხი“ (გამოსვლა 1:12). მალევე ფარაონმა ბრძანა, რომ ისრაელის ყოველი ახალშობილი ბიჭი მოეკლათ. როდესაც ღმერთმა ისრაელიტების ტირილი გაიგონა, მან გაიხსენა თავისი შეთანხმება აბრაამთან, ისააკთან და იაკობთან.

*„მოგცემ შენ და შენს შთამომავლობას შენი მდგმურობის ქვეყანას, ქანაანის მთელს ქვეყანას, სამარადისო საკუთრებად და თქვენი ღმერთი ვიქნები“* (დაბადება 17:8).

*„ქვეყანა, რომელიც მივეცი აბრაამს და ისაკს, შენთვის მომიცია, შენი შთამომავლობისთვის მომიცია ეს ქვეყანა“* (დაბადება 35:12).

იმისათვის, რომ ისრაელის ვაჟები ტანჯვისაგან გადაერჩინა და კანაანის მიწაზე წაეყვანა, ღმერთმა მოამზადა ადამიანი, რომელიც მის ბრძანებებს უპირობოთ დაემორჩილებოდა და წარუძღვებოდა ხალხს.

ეს ადამიანი იყო მოსე. მისი მშობლები მოსეს

მალავდნენ დაბადებიდან სამი თვის განმავლობაში, მაგრამ როდესაც აღარ შეეძლოთ მისი დამალვა, მათ იგი დაწნულ კალათაში ჩასვეს და მდინარე ნილოსის ნაპირთან დადეს. როდესაც ფარაონის ქალიშვილმა იპოვნა ბავშვი დაწნულ კალათში და გადაწყვიტა საკუთარ შვილად დაეტოვებინა, ბავშვის დამ, რომელიც მოშორებით იდგა, რათა ენახა თუ რა მოხდებოდა, ფარაონის ქალიშვილს ურჩია მოსეს ბიოლოგიური დედა მის ძიძად აეყვანა.

ამგვარად, მოსე გაიზარდა სამეფო სასახლეში თავისი ბიოლოგიური დედის მიერ, ამიტომ მან ბუნებრივად შეისწავლა ღმერთის და ისრაელიტების, თავისი საკუთარი ხალხის შესახებ.

შემდეგ ერთ დღეს, მან დაინახა როგორ სცემდნენ ეგვიპტელები ერთ-ერთ ებრაელს და გამოუთქმელ ტანჯვაში მან მოკლა ეგვიპტელები. როდესაც ეს გამომჟღავნდა, მოსე დაემალა ფარაონს და დაბინავდა მიდიანის მიწაზე. იგი აძოვებდა ცხვრებს ორმოცი წლის განმავლობაში და ეს იყო ღმერთის განგების ნაწილი, რომელსაც სურდა მოსე გამხდარიყო გამოსვლის ლიდერი.

ღმერთის არჩევის დროს, მან დაუძახა მოსეს და უბრძანა ისრაელიტების ეგვიპტიდან კანაანში წაეყვანა. რადგან ფარაონს გაქვავებული გული ჰქონდა, მან არ მოუსმინა ღმერთის ბრძანებას, რომელიც მან

მოსესგან მიიღო. შედეგად, ღმერთმა ეგვიპტეს ათი ჭირი მოუტანა და ძალით გამოიყვანა ისრაელიტები ეგვიპტიდან.

მხოლოდ ფარაონის პირველი ვაჟის სიკვდილის შემდეგ დაიჩოქა ფარაონი და მისი ხალხი ღმერთის წინაშე და გაათავისუფლეს ისრაელის ხალხი მონობიდან. ღმერთი თვითონ წარუძღვა ისრაელიტებს ყოველ ნაბიჯზე; ღმერთმა ორად გაყო წითელი ზღვა, რათა გადასულიყვნენ მასზე მშრალი მიწით. როდესაც დასალევი წყალი არ ჰქონდათ, ღმერთმა წყალი წარმოქმნა კლდიდან და როდესაც საკვები არ ჰქონდათ, მან ციური მანა გამოგზავნა ზეციდან. ღმერთი მოსეს საშუალებით ამ ნიშნებსა და სასწაულებს ახდენდა, რათა უზრუნველყო მილიონობით ისრაელიტების გადარჩენა ორმოცი წლის განმავლობაში.

ერთგული ღმერთი წარუძღვა ისრაელის ხალხს კანაანის მიწაზე მართალი ისუს, მოსეს მემკვიდრის საშუალებით. ღმერთი დაეხმარა ისუს და მის ხალხს იორდანეს მდინარე გადაელახათ და დააპყრობინა იერიხონის ქალაქი. და ღმერთმა უფლება მისცა მათ დაეპყროთ კანაანის მიწის უმეტესობა.

რა თქმა უნდა, კანაანის დაპყრობა არ ყოფილა მხოლოდ ღმერთის კურთხევა ისრაელიტეებისადმი, არამედ ასევე იყო მისი სამართლიანი განაჩენის შედეგი კანაანის მცხოვრებთა წინააღმდეგ, რომლებიც გარიყვნენ ცოდვითა და ბოროტებით. კანაანის მიწის

მცხოვრებნი გარიყვნენ და შემდეგ ღმერთმა თავისი სამართლიანობით ისრაელიტებს მისცა უფლება კანაანის მიწა დაეპყროთ.

ზუსტად როგორც ღმერთმა უთხრა აბრაამს, *„მხოლოდ მეოთხე თაობაში მობრუნდებიან აქეთ“* (დაბადება 15:16), აბრაამის შთამომავლებმა, იაკობმა და მისმა ვაჟებმა დატოვეს კანაანის მიწა და წავიდნენ ეგვიპტეში, იქ დაბინავდნენ და მათი შთამომავლები დაბრუნდნენ კანაანის მიწაზე.

## დავითი აარსებს მლიერ ისრაელს

კანაანის მიწის დაპყრობის შემდეგ, ღმერთი მართვდა მთელს ისრაელს მოსამართლეებითა და წინასწარმეტყველები მოსამართლეებს პერიოდში და შემდეგ ისრაელი გახდა სამეფო. მეფე დავითის მეფობისას, რომელსაც ღმერთი ყველაზე მეტად უყვარდა, სახელმწიფოს საფუძველი ჩაეყარა.

თავის ახალგაზრდობაში, დავითმა თასმითა და ქვით მოკლა ფილისტელი მეომარი და მისი მსახურობის აღსანიშნავად, დავითი უძღვებოდა ომის ჯარისკაცებს მეფე საულის არმიაში. როდესაც დავითი სახლში დაბრუნდა ფილისტელების დამარცხების შემდეგ, მხიარულობდნენ ქალები და ამბობდნენ, „საულმა ათასი მოკლა, დავითმა ათი ათასიო.“ და ისრაელიტებს შეუყვარდათ დავითი. მეფე საულმა შურის გრძნობის გამო შეთქმულება დადო დავითის

მოსაკლავად.

საულის სასოწარკვეთილი დევნისას, დავითს ორჯერ საშუალება მიეცა მეფის მოსაკლავად, მაგრამ ეს შანსი არ გამოიყენა. იგი მხოლოდ სიკეთეს უკეთებდა მეფეს. ერთხელ, დავითმა თავი დახარა მეფე საულის წინაშე და უთხრა მას, *„შეხედე, მამაჩემო, ხელში მიჭირავს შენი მოსასხამის კიდე. არ მოგკალი როცა შენს მოსასხამს კიდე მოვაჭერი. გაიგე და იცოდე, რომ არ მაქვს განზრახული ბოროტება და ურჩობა, არც შენ წინაშე შემიცოდავს, შენ კი ჩემს სულს ჩასაფრებიხარ“* (1 სამუელი 24:11).

დავითი ყველაფერში მხოლოდ სიკეთეს აკეთებდა, მაშინაც კი, როდესაც მეფე გახდა. თავისი მეფობისას, დავითმა სამეფო სამართლიანად მართა. რადგან ღმერთი ყოველთვის მეფესთან ერთად იყო, დავითი იგებდა ომებს ფილისტელების, მოაბელების, ამალეკელების, ამონების და ედომელების წინააღმდეგ. მან გააფართოვა ისრაელის ტერიტორიები და ომის ნადავლი კიდევ უფრო გაიზარდა დავითის სამეფოს საგანძურში. შესაბამისად, მან ისიამოვნა აყვავების პერიოდით.

დავითმა ასევე იერუსალიმში გადაიტანა ღმერთის შეთანხმების კიდობანი, მსხვერპლ შეწირვის პროცედურები შექმნა და გააძლიერა რწმენა უფალ ღმერთში. მეფემ ასევე დააარსა იერუსალიმი როგორც პოლიტიკური და რელიგიური სამეფოს ცენტრი და მოამზადა ყველაფერი ღმერთის წმინდა ტაძრის

ასაშენებლად, რომელიც აშენდებოდა თავისი ძის, მეფე სოლომონის მეფობისას.

მთელი თავისი ისტორიის მანძილზე, ისრაელი ყველაზე ძლიერი და დიდებული იყო მეფე დავითის მეფობისას და ხალხს უყვარდა მეფე დავითი და ადიდებდა ღმერთს. გარდა ამ ყველაფრისა, როგორი დიდებული წინაპარი იყო დავითი, რომ მესია მის შთამომავლად მოვიდოდა?

## ელიას ისრაელიტების ხალხის გულები ღმერთთან მიჰყავს

მეფე დავითის ვაჟი, სოლომონი თაყვანს სცემდა კერპებს თავის ბოლო დღეებში და მისი სიკვდილის შემდეგ სამეფო ორად გაიყო. ისრაელის თორმეტ ტომთაგან, ათმა ჩამოაყალიბა ისრაელის სამეფო ჩრდილოეთში, როდესაც დარჩენილმა ტომებმა ჩამოაყალიბეს იუდეველთა სამეფო სამხრეთში.

ისრაელის სამეფოში, ამოს წინასწარმეტყველმა და ოსეამ გაუმჟღავნეს თავიანთ ხალხს ღმერთის ნება, როდესაც ესაია და იერემია წინასწარმეტყველები იუდეველთა სამეფოში სამღვდელოებას ასრულებდნენ. როდესაც მისი არჩევის დრო მოვიდა, ღმერთმა გაგზავნა თავისი წინასწარმეტყველები და მათი დახმარებით შეასრულა თავისი ნება. ერთ-ერთი მათგანი იყო ელია წინასწარმეტყველი. ელიამ

შეასრულა მისი სამღვდელოება მეფე ახაბის მეფობისას ჩრდილოეთ სამეფოში.

ელიას დროს, წარმართ დედოფალმა იზებელმა ბაალი მიიყვანა ისრაელში და მთელს სამეფოში კერპთაყვანისმცემლობა იყო გაბატონებული. პირველი მისია, რომელიც ელია წინასწარმეტყველს უნდა შეესრულებინა იყო ის, რომ მას მეფე ახაბისთვის უნდა ეთქვა, რომ ისრაელში წვიმა არ მოვიდოდა სამნახევარი წლის განმავლობაში ღმერთის განაჩენის შედეგად კერპთაყვანისმცემლობის გამო.

როდესაც წინასწარმეტყველს უთხრეს, რომ მეფე და დედოფალი მის მოკვლას ცდილობდნენ, ელია წავიდა სიდონის სარეფთაში. იქ ერთმა ქვრივმა ქალმა პურის ნატეხი მისცა და მადლიერების გამოსახატავად ელია წინასწარმეტყველმა მოახდინა გასაოცარი სასწაულები ქვრივისათვის და მისი ფქვილის თასი არ იცლებოდა და არც მისი ზეთის დოქი სანამ შიმშილობა არ მორჩა. მოგვიანებით, ელიამ ქვრივის მკვდარი ვაჟიც კი გააცოცხლა.

კარმელის მთის მწვერვალზე, ელია შეებრძოლა ბაალის 450 წინასწარმეტყველს და აშერას 400 წინასწარმეტყველს და ღმერთის ცეცხლი ზეციდან ჩამოიტანა. იმისათვის, რომ ისრაელიტების კერპთაყვანისმცემლობა შეეწყვიტა და უკან წაბრუნებოდა მათ ღმერთისაკენ, ელიამ შეაკეთა ღმერთის სამსხვერპლო, წყალი დაასხა შესაწირებს და

სამსხვერპლოს და დარწმუნებით ილოცა.

*„უფალო, ღმერთო აბრაამისა, ისაკისა და ისრაელისა! გაცხადდეს დღევანდელ დღეს, რომ შენა ხარ ღმერთი ისრაელში, მე კი შენი მორჩილი ვარ, და რომ შენი სიტყვის წყალობით გავაკეთე ეს ყველაფერი. ხმა გამეცი, უფალო, ხმა გამეცი, რათა გაიგოს ამ ხალხმა, რომ შენ ღმერთი ხარ, უფალო, და რომ შეგიძლია უკუმოაქციო მათი გულები. ჩამოვარდა უფლის ცეცხლი და შთანთქა აღსავლენი მსხვერპლი, შეშა, ქვები და მტვერი; ამოლოკა წყალიც, არხში რომ ესხა. დაინახა ეს მთელმა ხალხმა, პირქვე დაემხო და შეჰყვირა: ღმერთია უფალი! ღმერთია უფალი! უთხრა მათ ელიამ: შეიპყარით ბაალის წინასწარმეტყველნი! არავინ გაგექცეთ! მათაც შეიპყრეს და ჩაიყვანა ისინი ელიამ კიშონის ხევში და იქ დახოცა“* (1 მეფეთა 18:36-40).

გარდა ამისა, მან ზეციდან წვიმა მოიყვანა სამნახევარ წლიანი გვალვის შემდეგ, იორდანეს მდინარე ისე გადაცურა, თითქოს მშრალ ხმელეთზე დადიოდა და მომავალიც იწინასწარმეტყველა. ღმერთის სასწაულებრივი მალის გამომჟღავნებით, ელიამ დაამტკიცა ცოცხალი ღმერთი.

2 მეფეთა 2:11-ში წერია, *„როცა მიდიოდნენ და მისაუბრობდნენ, აჰა, ჩადგა მათ შორის ცეცხლის ეტლი*

*და ცეცხლის ცხენები და განაშორა ორნი ერთმანეთს და ცად ავიდა ელია ქარბორბალათი.“* რადგან ელიამ თავისი რწმენით ასიამოვნა ღმერთი და მიიღო მისი სიყვარული და აღიარება, იგი სიკვდილის გარეშე ავიდა ზეცაში.

## დანიელი ქვეყნებს უმჟღავნებს ღმერთის დიდებას

250 წლის შემდეგ, დაახლოებით ქრისტეს შობამდე 605 წელს, მეფე იეჰოიაკიმის მეფობის მესამე წელს, იერუსალიმი დაეცა მეფე ნაბუქოდონოსორის შემოსევის დროს და იუდეველთა სამეფოში მრავალი სამეფო ოჯახის წევრი ტყვედ აიყვანეს.

მეფე ნაბუქოდონოსორის შერიგების პოლიტიკის ნაწილად, მეფემ მთავარ კარისკაცს, აშფენას უბრძანა მოეყვანა ყმაწვილები ისრაელის ძეთაგან, სამეფო და არისტოკრატთა შვილების ჩათვლით, ყმაწვილები, რომლებსაც კარგი შესახედაობა და ყოველგვარი სიბრძნის წვდომის უნარი ექნებოდათ, ცოდნა, სწავლის უნარი და რომლებიც მეფის სასახლეში მსახურებას შეძლებდნენ. და მეფემ ასევე უბრძანა, რომ მათთვის ესწავლებინა ქალდეველთა ენა და დამწერლობა და ერთ-ერთი ამ ყმაწვილთაგანი კი იყო დანიელი (დანიელი 1:3-4).

თუმცა, დანიელმა გადაწყვიტა, რომ იგი არ განსაზღვრავდა თავის თავს მეფის არჩეული საკვებით

ან ღვინით, რომელსაც იგი სვამდა და მთავარ კარისკაცს სთხოვა ნებართვა, რომ ეს ყველაფერი თვითონ განესაზღვრა (დანიელი 1:8).

მიუხედავად იმისა, რომ იგი ომის პატიმარი იყო, დანიელმა მიიღო ღმერთის კურთხევა, რადგან მას მისი ეშინოდა ცხოვრების ყველა ასპექტში. ღმერთმა დანიელს და მის მეგობრებს მისცა ცოდნა და გონებრივი უნარი ლიტერატურასა და სიბრძნეში. დანიელს სხვადასხვა ხილვებისა და სიზმრების გარჩევაც კი შეეძლო (დანიელი 1:17).

ამიტომ იღებდა იგი მეფეებისგან კეთილგანწყობილებასა და მოწონებას, მიუხედავად იმისა, რომ სამეფოები იცვლებოდა. დანიელის არაჩვეულებრივი სულის დანახვით, სპარსეთის მეფეს, დარიუსს სურდა მისი დანიშვნა მთელს სამეფოზე. შემდეგ თანამდებობის პირებს შეშურდათ დანიელის და სურდათ რაიმე ბრალი ეპოვნათ დანიელისათვის. მაგრამ ისინი ვერაფერს გახდნენ.

როდესაც გაიგეს, რომ დღეში სამჯერ დანიელი ლოცულობდა, რწმუნებულები და ოლქის წევრები მივიდნენ მეფესთან და წააქეზეს, რომ შეექმნა ქანდაკება, რომ თუ კი ვინმე მეფის ნაცვლას რომელიმე ღმერთს რაიმეს სთხოვდა, ერთი თვე ლომის ბუნაგში ჩააგდებდნენ. დანიელს არ უყოყმანია; თავისი რეპუტაციის, პოზიციის და სიცოცხლის დაკარგვის რისკზეც კი, მან განაგრძო ლოცვა იერუსალიმისკენ გამყურემ, როგორც ამას ყოველთვის აკეთებდა.

მეფის ბრძანებით, დანიელი ჩააგდეს ლომების ბუნაგში, მაგრამ რადგან ღმერთმა თავისი ანგელოზი გაგზავნა და ლომების პირები დაახურინა, დანიელი უვნებელი დარჩა. ამის გაგებისას, მეფე დარიუსმა მისწერა ყველა ადამიანს, ერს და ყოველი ენის პატრონს, რომ ედიდებინათ ღმერთი:

*„ვბრძანებ, რომ ჩემი სამეფოს ყველა მხარეში ცახცახებდეს ხალხი და ეშინოდეს დანიელის ღვთისა, რადგან ის არის ცოცხალი და მარადიული ღმერთი. მისი სამეფო არ დაიქცევა, მისი მეფობა მარადიულია. ის იხსნის და გადაარჩენს, ნიშნებსა და საკვირველებებს ახდენს ცაში და დედამიწაზე. მან იხსნა დანიელი ლომის ტორებიდან“* (დანიელი 6:26-27).

რწმენის წინაპრების გარდა, რომლებმაც დიდად გაუთქვეს ღმერთს სახელი, საკმარისი ფურცელი და მელანი არ იქნება ამ გიდეონის, ბარაკის, სამსონის, სამუელის, ესაიას, იერემიას, ეზეკიელის, დანიელის სამი მეგობრის, ესთერის და ბიბლიის ყველა წინასწარმეტყველის რწმენის ქმედებების აღსაწერად.

## დედამიწის ყოველი ერის დიდი წინაპრები

ისრაელის სახელმწიფოს ადრეული დღეებიდან, ღმერთმა პირადად აღნიშნა და მართა მისი ისტორიის

მიმდინარეობა. ყოველთვის, როდესაც ისრაელი კრიზისში იყო, ღმერთმა უზრუნველყო ისინი წინასწარმეტყველებით, რომლებიც მან მოამზადა და მართა ისრაელის ისტორია.

ამგვარად, სხვა სახელმწიფოებისგან განსხვავებით, ისრაელის ისტორია მიმდინარეობდა ღმერთის განგების თანახმად აბრაამის დღეებიდან და დასასრულამდე გაგრძალდება ღმერთის გეგმის თანახმად.

ღმერთის მიერ ისრაელის ხალხს შორის რწმენის მამების დანიშნვა და გამოყენება თავისი განგებისა და გეგმისათვის, არ მხოლოდ თავისი რჩეულისათვის, ისრაელიტებისთვის იყო, არამედ ყველა იმ ადამიანისათვის, რომელსაც ღმერთის სწამს.

> *„აბრაამი ხომ დიდ და ძლიერ ხალხად იქცევა, ყველა ხალხი დედამიწის ზურგზე კურთხეული იქნება მისით“* (დაბადება 18:18).

ღმერთს სურს „დედამიწის ყველა ერი“ რწმენით გახდეს აბრაამის შვილი და მიიღოს აბრაამის კურთხევა. მას კურთხევა მხოლოდ თავისი რჩეულისათვის, ისრაელიტებისთვის არ აქვს. ღმერთი დაპირდა აბრაამს დაბადება 17:4-5-ში, რომ იგი გახდებოდა მრავალი ერის მამა და დაბადება 12:3-ში, რომ დედამიწის ოჯახები იკურთხებოდნენ მისი დახმარებით და დაბადება 22:17-18-ში, რომ დედამიწის

ყოველი ერი იკურთხება მისი შთამომავლობით.

გარდა ამისა, ისრაელის ისტორიით, ღმერთმა გახსნა გზა, რომლითაც დედამიწის ყოველი ერი გაიგებდა, რომ მხოლოდ უფალი ღმერთია ჭეშმარიტი ღმერთი, ემსახურებოდნენ მას და გახდებოდნენ მისი ჭეშმარიტი შვილები.

> *„მე შევაცნობინე ჩემი თავი მათ, ვისაც არ ვუკითხივარ; აღმოვუჩნდი მათ, ვისაც არ ვუძებნივარ; მე ვუთხარი: აქა ვარ, აქა ვარ-მეთქი, ხალხს, რომელსაც არ უხსენებია ჩემი სახელი“* (ესაია 65:1).

ღმერთმა დააარსა დიდი წინაპრები და პირადად წარუძღვა და მართა ისრაელის ისტორია, რათა წარმართებისთვის და თავისი რჩეული ისრაელიტებისთვის საშუალება მიეცა მისი სახელი დაეძახათ. იმ დრომდე ღმერთმა შეასრულა ადამიანთა მოდგმის დამუშავების ისტორია, მაგრამ ახლა იგი გეგმავს კიდევ ერთ გასაოცარ გეგმას, რომ მისი ადამიანის დამუშავების განგება წარმართებსაც შეეხოს. ზუსტად ამიტომ, როდესაც მისი არჩევის დრო მოვიდა, ღმერთმა თავისი ძე ისრაელის მიწაზე არა მარტო ისრაელის მესიად გაგზავნა, არამედ მთელი ადამიანთა მოდგმის მესიად.

# ადამიანები, რომლებიც საუბრობენ უფალზე

ადამიანთა მოდგმის დამუშავების ისტორიის მანძილეს, ისრაელი ყოველთვის ღმერთის განგების შესრულების ცენტრში იყო. ღმერთმა თავისი თავი გაუმჟღავნა რწმენის მამების, დაპირებები მისცა მათ მომავლის და შეასრულა ისინი. მან ასევე უთხრა ისრაელიტებს, რომ მესია მოვიდოდა იუდეას ტომიდან და დავითის სახლიდან და იხსნიდა ყველა ერს დედამიწაზე.

ამგვარად, ისრაელი ელოდებოდა მესიას, რომელიც ნაწინასწარმეტყველები იყო ძველ აღთქმაში. მესია არის იესო ქრისტე. რა თქმა უნდა, ადამიანები, რომლებსაც იუდაიზმის სწამთ, არ ცნობენ იესოს როგორც ღმერთის ძედ და მესიად, მაგრამ სამაგიეროდ ისინი ჯერ კიდევ ელიან მის მოსვლას.

თუმცა, მესია, რომელსაც ისრაელი ელოდება და მესია, რომელზეც ამ თავის დანარჩენ ნაწილში მოგითხრობთ, არის ერთი და იგივე.

რას ამბობს ხალხი იესო ქრისტეზე? თუ კი განიხილავთ წინასწარმეტყველებებს მესიას შესახებ და მათ შესრულებას და მესიის შესაძლებლობებს, შენ

მხოლოდ განამტკიცებ იმ ფაქტს, რომ მესია, რომელსაც ისრაელი ელოდება, არის იესო ქრისტე.

## პავლე, იესო ქრისტეს მდევნელი ხდება მისი მოციქული

პავლე დაიბადა ტარსოსში, კილიკიაში, თანამედროვე დღით თურქეთში, დაახლოებით 2000 წლის წინათ და მისი დაბადების სახელი იყო საული. საული წინდაცვეთილ იქნა დაბადებიდან რვა დღის შემდეგ, ისრაელის მოდგმისა, ბენიამინის ტომისა, ებრაელი მშობლების მიერ ნაშობი ებრაელი. საული რჯულის თანახმად წუნდაუდებელი იყო. ასევე მას ამეცადინებდა გამალიელი, რჯულის მასწავლებელი, რომელსაც ყველა პატივს სცემდა. იგი თავისი მამების რჯულს მკაცრად იცავდა და რომაული იმპერიის მოქალაქეობა ჰქონდა. ერთი სიტყვით რომ ვთქვათ, საულს არაფერი აკლდა ხორციელ პირობებში, როდესაც საქმე მის ოჯახს, წარმოშობას, ცოდნას, სიმდიდრეს და ძალაუფლებას ეხებოდა.

რადგან მას ღმერთი ყველაზე მეტად უყვარდა, საული გულითადად დევნიდა იესო ქრისტეს მიმდევრებს. ეს იმიტომ, რომ როდესაც მან გაიგონა ქრისტიანების ნათქვამი, რომ ჯვარცმული იესო ღმერთის ძე და მხსნელი იყო და რომ იესო აღსდგა გარდაცვალებიდან მესამე დღე, საულმა ეს ღვთისგმობად ჩათვალა.

საული ასევე ფიქრობდა, რომ იესო ქრისტეს მიმდევრები საფრთხეს უქმნიდნენ ფარისევლურ იუდაიზმს, რომელსაც იგი ასე მკაცრად იცავდა. ამ მიზეზის გამო, საულმა ულმობლად გაანადგურა ეკლესია და ლიდერობდა იესო ქრისტეს მიმდევრების დაჭერის პროცესს.

მან მრავალი ქრისტიანი დაიჭირა და ხმა მისცა მათ მოსაკლავად. მან ასევე ყველა სინაგოგაში დასაჯა მორწმუნეები, აძალებდა მათ ღვთისგმობას და დევნიდა უცხოურ ქალაქებში.

შემდეგ საულმა განიცადა გასაოცარი რამ, რომლითაც მისი მთელი ცხოვრება შეიცვალა. როდესაც დამასკოში მიდიოდა, მოულოდნელად ზეციდან სინათლემ ჩამოანათა.

„საულ, საულ, რად მდევნი მე?"
„ვინა ხარ, უფალო?"
„მე ვარ იესო, რომელსაც შენ სდევნი."

საული წამოდგა მიწიდან, მაგრამ ვერაფერს ხედავდა; ხალხმა იგი დამასკოში მიიყვანა. იქ სამი დღის განმავლობაში დარჩა მხედველობის გარეშე. იგი არც ჭამდა და არც სვამდა. ამ ინციდენტის შემდეგ, უფალი გამოეცხადა მოწაფეს, რომელსაც ერქვა ანანია.

„ადექი და მიდი ქუჩაზე, რომელსაც ჰქვია „სწორი", და იუდას სახლში იკითხე ტარსოსელი

კაცი, სახელად სავლე; აი, იქ ლოცულობს იგი. ხოლო სავლემ ჩვენებით იხილა კაცი, სახელად ანანია, რომელიც მივიდა და ხელი დაადო, რათა კვლავ ახელოდა თვალი ... წადი, რადგან ჩემს რჩეულ ჭურჭლად მიცვნია იგი, რათა ატაროს ჩემი სახელი ხალხთა, მეფეთა და ისრაელის ძეთა წინაშე. მე ვუჩვენებ, რაოდენ ვნებას დაითმენს ჩემი სახელის გულისთვის" (საქმე 9:11-12, 15-16).

როდესაც ანანიამ ხელი დაადო და საულისთვის ილოცა, მას მაშინათვე დაუბრუნდა მხედველობა. უფალთან შეხვედრის შემდეგ, საულმა გააცნობიერა თავისი ცოდვები და სახელად დაირქვა „პავლე", რაც ნიშნავს „პატარა ადამიანს". ამ მომენტიდან, პავლე გაბედულად ქადაგებდა წარმართებისთვის ცოცხალი ღმერთის შესახებ და იესო ქრისტეს სახარებას.

„გაუწყებთ, ძმანო, რომ სახარება, რომელიც ჩემგან გეხარათ, არ არის კაცის მიერი, ვინაიდან მეც კაცისგან როდი მიმიღია ან მისწავლია, არამედ იესო ქრისტეს გამოცხადებით. თქვენ გსმენიათ, როგორ ვიქცეოდი ოდესღაც იუდეველობაში, რა სასტიკად ვდევნიდი ღვთის ეკლესიას და ვარბევდი მას. ასე რომ, აღვემატებოდი იუდეველობაში ყველა ტოლსწორს ჩემი მოდგმისას, რადგანაც უკიდურესი გულმოდგინებით ვიცავდი

*მამაპაპეულ გადმოცემებს. ხოლო როდესაც ღმერთმა, დედის საშოდანვე რომ ამირჩია და თავისი მადლით მიხმო, – კეთილინება თვისი ძე გამოეცხადებინა ჩემში, რათა წარმართთათვის მეხარებინა იგი, მაშინვე როდი დავკითხვივარ სისხლსა და ხორცს. არც იერუსალიმს ავსულვარ, ჩემს წინამორბედ მოციქულებთან, არამედ არაბიას წავედი და კვლავ დავბრუნდი დამასკოს“* (გალათელთა 1:11-17).

უფალ იესო ქრისტესთან შეხვედრის და სახარების ქადაგების შემდეგაც კი, პავლეს ისეთი ტანჯების ატანამ მოუწია, რომელთა სიტყვებით აღწერაც შეუძლებელია. პავლეს ხშირად უწევდა მუშაობა, საპყრობილეში ყოფნა, მრავალჯერ ცემეს, ხშირად ყოფილა სიკვდილის პირასაც კი, უძილო ღამეებში, შიმშილსა და წყურვილში და სიცივესა და სიშიშვლეში (2 კორინთელთა 11:23-27).

მას შეეძლო ადვილად ეცხოვრა მდიდრული და კომფორტული ცხოვრებით თავისი სტატუსით, ძალაუფლებით, ცოდნით და სიბრძნით, მაგრამ პავლემ ყველაფერი დათმო და რაც კი გააჩნდა ყველაფერი უფალს მიანდო.

*„რადგანაც უმცირესი ვარ მოციქულთა შორის და არა ვარ მოციქულად წოდების ღირსი, ვინაიდან ვსდევნიდი ღვთის ეკლესიას. მაგრამ*

*ღვთის მადლით, ისა ვარ, რაცა ვარ, და მისი მადლი ჩემდამი არ ყოფილა ფუჭი, რადგანაც ყველა მათგანზე მეტი ვიღვაწე, თუმცა მე კი არა, არამედ ღვთის მადლმა, რომელიც არის ჩემთან“* (1 კორინთელთა 15:9-10).

პავლეს ამ გაბედული განცხადების გაკეთება იმიტომ შეეძლო, რომ მას იესო ქრისტესთან შეხვედრის მეტად მგზნებარე გამოცდილება ჰქონდა. უფალი დამასკოს გზაზე პავლეს უბრალოდ კი არ შეხვედრია, არამედ დაუდასტურა პავლეს თავისი არსებობა ძალის სასწაულებრივი საქმეების მოხდენით.

ღმერთი მრავალ სასწაულს ახდენდა პავლეს ხელით. ასე რომ მის ნაქონ ხელსახოცებს თუ წელსაკრავებს თვით სნეულთაც კი აფენდნენ, რომელნიც იკურნებოდნენ და უკეთური სულები გამოდიოდნენ მათგან. პავლემ ახალგაზრდა ჭაბუკი სახელად ევტიქე გააცოცხლა, როდესაც ჩაძინებული მესამე სართულიდან გადავარდა და მოკვდა. მკვდარი ადამიანის გაცოცხლება შეუძლებელია ღმერთის ძალის გარეშე.

ძველი აღთქმა ახსენებს, რომ ელია წინასწარმეტყველმა გააცოცხლა ქვრივი ქალის ვაჟი და ელისე წინასწარმეტყველმა კი ცნობილი ქალის შვილი გააცოცხლა. როგორც ფსალმუნის დამწერმა თქვა ფსალმუნნი 62:11-ში, *„ერთხელ თქვა ღმერთმა, მე ორჯერ მოვისმინე, რომ ღვთისაა ძლიერება,“* ღმერთის

ძლიერება გადაეცა ღმერთის ხალხს.

მისი სამი მისიის მოგზაურობის დროს, პავლემ დააარსა იესო ქრისტეს სახარების საფუძველი, რომ ყველა ერისთვის ექადაგა ეკლესიების აშენებით აზიასა და ევროპაში. ამგვარად, გაიხსნა გზა, რომლითაც იესო ქრისტეს სახარება იქნებოდა ნაქადაგები დედამიწის ყველა კუთხეში.

## პეტრე ავლენს დიდ ძალას და არჩენს მრავალ სულს

რა შეგვიძლია ვთქვათ პეტრეს შესახებ, რომელიც წარუძღვა ებრაელებისთვის სახარების ქადაგებას? იგი იყო ჩვეულებრივი მეთევზე სანამ იესოს შეხვდებოდა, მაგრამ იესოსთან შეხვედრის შემდეგ იგი მრავალ სასწაულს შეესწრო, რომლებსაც იესო ახდენდა და გახდა მისი ერთ-ერთი მოწაფე.

როდესაც პეტრემ ნახა იესოს მიერ მოხდენილი სასწაულები, მან ირწმუნა, რომ „იგი მართლაც ღმერთისგან არის მოსული.“ მათე 16-ში ჩვენ ვკითხულობთ მის აღიარებას.

იესომ ჰკითხა თავის მოწაფეებს, *„თქვენ თვითონ ვინღა გგონივართ მე?“* (სტროფი 15) პეტრემ მიუგო, *„შენა ხარ ქრისტე, ძე ცოცხალი ღმრთისა“* (სტროფი 16).

შემდეგ წარმოუდგენელი რამ მოუვიდა პეტრეს, რომელსაც ასეთი გაბედული აღიარების გაკეთება

შეეძლო. საიდუმლო სერობისას, პეტრემ იესოს განუცხადა, *„ყველა რომ შეცდეს შენს გამო, მე არასოდეს შევცდები“* (მათე 26:33). მაგრამ იმ ღამეს, როდესაც იესო დაიჭირეს და ჯვარს აცვეს, პეტრემ იგი სამჯერ უარყო სიკვდილის შიშის გამო.

იესოს აღდგომის და ზეცაში ასვლის შემდეგ, პეტრემ მიიღო სული წმინდა და შეიცვალა. მან საკუთარი სიცოცხლე იესო ქრისტეს სახარების ქადაგებას მიუძღვნა და სიკვდილისაკ კი არ ეშინოდა. ერთ დღეს 3000-მა ადამიანმა მოინანია და მოინათლა, როდესაც მან გაბედულად დაამტკიცა იესო ქრისტე. ებრაელი ლიდერების წინაშეც კი, რომლებიც მას მოკვლით ემუქრებოდნენ, მან გაბედულად განაცხადა, რომ იესო ქრისტე არის ჩვენი უფალი და მხსნელი.

> *„მოინანიეთ და ყოველმა თქვენგანმა ნათელ იღოს იესო ქრისტეს სახელით ცოდვათა მისატევებლად, და მიიღებთ სული წმიდის ნიჭს. ვინაიდან თქვენია აღთქმა, თქვენი შვილებისა და ყველა შორეულისა, ვისაც კი უხმობს უფალი ღმერთი ჩვენი“* (საქმე 2:38-39).

> *„ეს არის ქვა, რომელიც დაიწუნეთ თქვენ, მშენებლებმა, მაგრამ კუთხის თავად დაიდვა. სხვის მიერ არვისგანაა ხსნა და არც კათთათვის მიცემული სხვა სახელია ცის ქვეშ, ვისი წყალობითაც ვიხსნიდით თავს“* (საქმე 4:11-12).

პეტრემ გამოამჟღავნა ღმერთის ძალა მრავალი ნიშნითა და სასწაულით. ლოდში, პეტრემ განკურნა კაცი, რომელიც რვა წლის განმავლობაში პარალიზებული იყო და იოპეს მახლობლად, მან გააცოცხლა ტაბითა, რომელიც ავადმყოფობისგან გარდაცვლილი იყო. ღმერთის ძალა ყოველთვის მასთან იყო და ავადმყოფები მთავარ ქუჩებშიც კი მიჰყავდათ და აწვენდნენ საწოლებსა და საკაცეებზე, რომ ჩავლილი პეტრეს ჩრდილი მაინც დაჰფენოდა რომელიმე მათგანს (საქმე 5:15).

გარდა ამისა, ღმერთმა მრავალი ხედვით გაუმჟღავნა პეტრეს, რომ ხსნის სახარება წარმართებამდე უნდა მისულიყო. ერთ დღეს, როდესაც პეტრე ლოცულობდა, მას შიმშილის გრძნობა დაეუფლა და სურდა რაიმეს ჭამა. სანამ საჭმელი მზადდებოდა, პეტრემ ხედვაში დაინახა თუ როგორ გაიხსნა ცა და დიდი რაღაც ჩამოვიდა ციდან. იქ მრავალი სახის ოთხ-ფეხა ცხოველები და ფრინველები იყვნენ (საქმე 10:9-12). შემდეგ პეტრემ გაიგო ხმა.

ხმა მივიდა პეტრესთან. "ადექი, პეტრე, დაკალი და ჭამე" (სტროფი 13). მაგრამ პეტრემ თქვა, "არა, უფალო, რადგანაც არასოდეს მიჭამია რაიმე ბილწი და უწმინდური" (სტროფი 14). კიდევ ერთხელ ხმამ მიუგო მას, "რაც წმიდა-ყო ღმერთმა, შენ ნუ მიიჩნევ უწმინდურად" (სტროფი 15).

ეს მოხდა სამჯერ და ყველაფერი უკან მიდიოდა ცაში. პეტრეს ვერ გაეგო, თუ რატომ უბრძანა ღმერთმა რომ ეჭამა რაღაც, რაც მოსეს რჯულის მიხედვით „უწმინდური“ იყო. როდესაც პეტრე ჩვენებაზე ფიქრობდა, სული წმინდამ უთხრა მას, *„აი, სამი კაცი დაგეძებს. ადექი, ჩადი და გაჰყევი მათ: ნუღარ ყოყმანობ, ვინაიდან მე მოვავლინე ისინი“* (საქმე 10:19-20). სამი კაცი მივიდა პეტრესთან წარმართი კორნელიოსის მაგივრად, რომელმაც ისინი გაგზავნა, რომ პეტრე თავის სახლში მიეყვანათ.

ამ ხედვით, ღმერთმა გაუმჟღავნა პეტრეს, რომ ღმერთს რომ მისი წყალობა ექადაგა წარმართებისთვისაც კი და მოუწოდა პეტრეს უფალი იესო ქრისტეს სახარების გავრცელება მათთვის. პეტრე მადლიერი იყო უფლის, რომელსაც იგი ძალიან უყვარდა და რომელმაც ეს მისია მისცა როგორც მის მოციქულს, მიუხედავად იმისა, რომ მან იგი სამჯერ უარყო.

## იოანე მოციქული წინასწარმეტყველებს ბოლო დღეების შესახებ იესო ქრისტეს აპოკალიფსით

იოანე გალილეაში მეთევზე იყო, მაგრამ იესოსთან შეხვედრის შემდეგ, იგი ყოველთვის მასთან ერთად იყო და მრავალ ნიშანსა და სასწაულს შეესწრო. იოანემ ნახა თუ როგორ გადააქცია წყალი ღვინოთ იესომ

კანაში, განკურნა მრავალი ადამიანი, რომლებიც 38 წლის განმავლობაში ავად იყვნენ, განდევნა დემონები და უამრავ ადამიანს მხედველობა აღუდგინა. იოანემ ასევე დაინახა თუ როგორ გაიარა იესომ წყალზე და როგორ გააცოცხლა ლაზარე, რომელიც ოთხი დღის გარდაცვლილი იყო.

იოანე მიჰყვებოდა იესოს, როდესაც იესომ ფერი იცვალა (მისი სახე მზესავით ანათებდა და მისი ტანისამოსი სინათლესავით გათეთრდა) და ესაუბრებოდა მოსეს და ელიას ფერიცვალების მთაზე. მაშინაც კი, როდესაც იესო ჯვარზე იყო გაკრული, მან გაიგონა იესოს სიტყვები მარიამ ღვთისმშობლის და მის შესახებ: „დედაო, აჰა, შენი ძე!" „აჰა, დედაშენი!"

ამ მესამე ბოლო სიტყვით, რომელიც იესომ თქვა ჯვარზე, ფიზიკური გაგებით, იგი ანუგეშებდა მარიამს, რომელმაც იგი დაბადა, მაგრამ სულიერი გაგებით, იგი უცხადებდა მთელს ადამიანთა მოდგმას, რომ ყოველი მორწმუნე იყო ძმა, და და დედა.

მიზეზი იმისა, თუ რატომ უთხრა იოანეს, „აჰა, დედაშენი!" იყო ის, რომ იოანე მარიამს დედასავით უნდა მოპყრობოდა. იმ მომენტიდან, იოანემ მარიამი საკუთარ სახლში წაიყვანა და საკუთარი დედასავით ეპყრობოდა.

იესოს აღდგომის და ზეცაში ასვლის შემდეგ, იგი გულმოდგინედ ქადაგებდა იესო ქრისტეს სახარებას სხვა მოციქულებთან ერთად. მათი სახარების გულმოდგინედ ქადაგებით, ადრეულმა ეკლესიამ

განიცადა ეფექტური აღორძინება, მაგრამ ამავე დროს მოციქულებს შეუპოვრად დევნიდნენ.

იოანე მოციქული დაკითხა ებრაულმა საბჭომ და მოგვიანებით მდუღარე ზეთში ჩააგდო რომაელმა იმპერატორმა დომიციანემ. მაგრამ იოანეს არაფერი მოსვლია ღმერთის ძალითა და განგებით და იმპერატორმა გადაასახლა იგი ბერძნულ კუნძულზე პათმოსზე ხმელთაშუა ზღვაში. იქ იოანეს კავშირი ჰქონდა ღმერთთან ლოცვით და სული წმინდის შთაგონებით და ანგელოზების დახმარებით, მას ჰქონდა მრავალი ღრმა ხედვა და ჩაწერა იესო ქრისტეს გამოცხადებაში.

> *„გამოცხადება იესო ქრისტესი, რომელიც მისცა მას ღმერთმა, რათა ეჩვენებინა თავისი მონებისათვის, რაც უნდა მოხდეს მალე; და უჩვენა კიდეც თავისი ანგელოზის მოვლინებით მონას თვისას იოანეს“* (აპოკალიფსი 1:1).

სული წმინდის შთაგონებით, იოანე მოციქულმა დეტალურად დაწერა ის ყველაფერი, რაც ბოლო დღეებში მოხდებოდა, რომ ყველა ადამიანს მიეღო იესო თავიანთ მხსნელად და მოემზადებინათ საკუთარი თავები მის მეფეთა მეფედ და უფალთა უფლად მისაღებად მეორედ მოსვლის დროს.

## ადრეული ეკლესიის წევრები რწმენას ინარჩუნებენ

როდესაც იესო აღსდგა და ზეცაში ავიდა, იგი დაპირდა თავის მოწაფეებს, რომ ზუსტად ისე დაბრუნდებოდა, როგორც ზეცაში ავიდა.

იესოს აღდგომის და ზეცაში ასვლის მრავალმა მომსწრემ გააცნობიერა, რომ ისინიც შეძლებდნენ აღდგომას და აღარ ეშინოდათ სიკვდილის. არა მარტო იესოს მოწაფეები, არამედ მრავალი ადამიანი გახდა ლომების მსხვერპლი რომის კოლოსეუმში. თუმცა, თითოეულმა მათგანმა შეინარჩუნა რწმენა იესო ქრისტეში.

როდესაც ქრისტიანების დევნა გაძლიერდა, ადრეული ეკლესიის წევრები დაიმალნენ რომის კატაკომბებში, რომლებიც ცნობილია როგორც „მიწისქვეშა სამარხები." მათ ღატაკი ცხოვრება ჰქონდათ; ეს ისე იყო, რომ თითქოს არც კი ცხოვრობდნენ. თუმცა, მათი უფლისადმი დიდი და მგზნებარე სიყვარულის გამო, არ ეშინოდათ გამოცდებისა და ტანჯვის.

სანამ ქრისტიანობა ოფიციალურად აღიარდებოდა რომში, ქრისტიანების ჩაგვრა მეტად მკაცრი და სასტიკი იყო. ქრისტიანებს ართმევდნენ მოქალაქეობას, ბიბლიებს და ეკლესიებს ცეცხლს უკიდებდნენ და ეკლესიის ლიდერებს და მსახურებს აპატიმრებდნენ, სასტიკად აწამებდნენ და კლავდნენ.

აზიაში სმირნის ეკლესიაში პოლიქარპს პირადი ურთიერთობა ჰქონდა იოანე მოციქულთან. პოლიქარპი იყო თავდადებული ეპისკოპოსი. როდესაც პოლიქარპი რომაულმა ხელისუფლებამ დაიჭირა და გუბერნატორის წინაშე დააყენეს, მას არ მიუტოვებია თავისი რწმენა.

*„მე არ მსურს თქვენი შერცხვენა. ბრძანე რომ ეს ქრისტიანები მოკლან და გაგათავისუფლებ. დაწყევლე ქრისტე!“*

*„86 წლის განმავლობაში მისი მსახური ვიყავი და მას არაფერი ცუდი არ გაუკეთებია ჩემთვის. როგორ მივაყენო შეურაცხყოფა ჩემს მეფეს, რომელმაც მიხსნა?“*

მათ მისი ცოცხლად დაწვა სცადეს, მაგრამ ვერაფერს გახდნენ, სმირნის ეკლესიის ეპისკოფოსი მოკვდა წამებულად, როდესაც სიკვდილამდე დანას ურჭობდნენ. როდესაც მრავალი სხვა ქრისტიანი შეესწრო და გაიგონეს პოლიქარპის რწმენის განცხადებდა და მისი წამების შესახებ, მათ კიდევ უფრო კარგად გაიგეს იესო ქრისტეს ძლიერი გრძნობა და თვითონაც წამებულის ცხოვრების გზა აირჩიეს.

*„კაცნო ისრაელიტნო, კარგად დაფიქრდით, რას უპირებთ ამ ხალხს. ვინაიდან ამ დღეების*

*წინ აღდგა თევდა, დიდ ვინმედ რომ მოჰქონდა თავი, და გაჰყვა მას ოთხასამდე კაცი, მაგრამ მოკლული იქნა, ხოლო მისი მომხრეები გაიფანტნენ და არარად იქცნენ. შემდგომ ამისა, აღდგა იუდა გალილეველი, აღწერის დღეებში, და დიდძალი ხალხიც გაიყოლია, მაგრამ დაიღუპა და გაიფანტნენ მისი მომხრენიც. ამიტომაც გეუბნებით: ჩამოეხსენით ამ ხალხს და გაუშვით ისინი, ვინაიდან თუ ეს ზრახვა ანდა საქმე კაცთაგან არის, ჩაიშლება. ხოლო თუ ღვთისაგან არის, თქვენ ვერ ჩაშლით მას; მაშ, გაფრთხილდით, ღვთისმბრძოლებად არ შეირაცხოთ“* (საქმე 5:35-39).

როგორც ცნობილმა გამალიელმა დაარწმუნა და შეახსენა ისრაელის ხალხს, იესო ქრისტეს სახარება, რომელიც თვით ღმერთისგან მოვიდა, არ ჩავარდებოდა. საბოლოოდ ჩვენი წელთაღრიცხვიდან 313 წელს, იმპერატორმა კონსტანტინემ აღიარა ქრისტიანობა თავისი იმპერიის ოფიციალურ რელიგიად და მთელს მსოფლიოში დაიწყო იესო ქრიტეს სახარების ქადაგება.

## მტკიცება იესოზე, რომელიც პილატეს განცხადებაში ეწერა

რომაული იმპერიის დროის ისტორიულ

დოკუმენტებში, არსებობს ხელნაწერი იესოს აღდგომაზე, რომელიც პილატემ, რომაული პროვინციის მმართველმა იესოს დროს დაწერა და გაუგზავნა იმპერატორს.

ეს არის ამონაწერი „პილატეს მოხსენებიდან კეისრისადმი იესოს დაკავების და ჯვარცმის შესახებ," რომელიც ამჟამად ინახება აია-სოფიას ტაძარში სტამბულში, თურქეთში:

> სამი დღის შემდეგ რაც საფლავი ცარიელი იპოვნეს, მისმა მოწაფეებმა განაცხადეს მთელს სახელმწიფოში, რომ იესო მკვდრეთით აღსდგა, როგორც ნაწინასწარმეტყველები იყო. ამან ჯვარცმაზე კიდევ უფრო დიდი მღელვარება გამოიწვია. რაც შეეხება ამის სიმართლეს, მე ვერ ვიტყვი გარკვეულად, მაგრამ ამ საკითხზე გარკვეული გამოძიება ჩავატარე; ამიტომ თქვენით შეგიძლიათ შეამოწმოთ და ნახოთ თუ კი დამნაშავე ვარ, როგორც ჰეროდე წარმოადგენს.
>
> იოსებმა იესო თავის საკუთარ საფლავში დაკრძალა. მე ვერ ვიტყვი მან დაინახა თუ არა მისი აღდგომა. იმ დღის შემდეგ, როდესაც იგი დაკრძალეს, ერთ-ერთი მღვდელი მოვიდა პრაეტორიუმში და თქვა, რომ მის მოწაფეებს განზრახული ჰქონდათ იესოს

სხეულის მოპარვა და დამალვა და შემდეგ მისი გაჩენა, რომ იგი მკვდრეთით აღსდგა, როგორც მან წინასწარ თქვა და რომლითაც ისინი სავსებით დარწმუნებულები იყვნენ.

მე იგი გავგზავნე სამეფო მცველის (მალქუსი) მეთაურთან, რათა მეთქვა, რომ წაეყვანა ებრაელი ჯარისკაცები, და რამდენიც საჭირო იქნებოდა, იმდენი დაეყენებინა საფლავთან; შემდეგ, თუ კი რაიმე მოხდებოდა, ისინი თავიანთ თავს დააბრალებდნენ და არა რომაელებს.

როდესაც დიდი აღელვება მოხდა ცარიელი საფლავის პოვნის შემდეგ, მე ყველაზე ღრმა სიმარტოვე ვიგრძენი. მე ამ ადამიანისთვის გავგზავნე ისლამი, რომელიც ძალიან დამიახლოვდა. მათ დაინახეს მშვიდი და ლამაზი სინათლე საფლავზე. მან, ჯერ იფიქრა, რომ ქალი მისულიყო იესოს სხეულისთვის მალამოს წასასმელად, რადგან ეს მათი ჩვეულება იყო, მაგრამ მან ვერ დაინახა, თუ როგორ ჩაუარეს ყარაულებს. როდესაც ეს აზრები მოსდიოდა თავში, გარშემო ყველაფერი განათა და თითქოს მკვდარი ადამიანების ბრბო გაჩნდა თავიანთი საფლავის ტანისამოსით.

ყველაფერი თითქოს ყვიროდა და აივსო ექსტაზით, როდესაც გარშემო ყველაფერი იყო ყველაზე ლამაზი მუსიკა, რაც კი მას ოდესმე მოესმინა და მთელი ჰაერი თითქოს ღმერთის დიდების ხმებით აივსო. მთელი ამ ხნის განმავლობაში, თითქოს დედამიწა ირყეოდა და ცურავდა, და ამიტომ გულისრევის შეგრძნება ჰქონდა და ფეხზე ვერ დგებოდა. მან თქვა, რომ თითქოს დედამიწა მის ფეხქვეშ დაცუურავდა და გონება დაკარგა, ამიტომ მან არ იცოდა, თუ რა ხდებოდა.

როგორც მათე 27:51-53-ში ვკითხულობთ, „*იძრა მიწა და დასკდნენ კლდენი. განიხვნენ საფლავნი და წმიდა განსვენებულთა მრავალი გვამი აღდგა. საფლავებიდან გამოვიდნენ მისი აღდგომის შემდეგ, წმიდა ქალაქში შევიდნენ და გამოეცხადნენ მრავალს,*“ რომაელმა გუშაგებმაც იდენტური ჩვენება მისცეს.

რომაელი კარისკაცების ჩვენებების დაწერის შემდეგ, პილატემ აღნიშნა, „მე თითქმის მზად ვარ რომ ვთქვა: ის მართლაც ღმერთის ძე იყო.“

## უფალი იესო ქრისტეს უთვალავი მოწმე

არა მარტო იესოს მოწაფეები იყვნენ იესო ქრისტეს სახარების მოწმენი. ზუსტად როგორც იესომ თქვა

იოანე 14:13-ში, *„რასაც ითხოვთ ჩემი სახელით, შევისრულებთ, რათა იდიდოს მამა ძის მიერ,“* მრავალმა მოწმემ მიიღო ღმერთის პასუხები თავიანთ ლოცვებზე და დაამტკიცეს ცოცხალი ღმერთი და უფალი იესო ქრისტე მისი აღდგომის და ზეცაში ასვლის შემდეგ.

> *„არამედ მიიღებთ ძალას, როცა სული წმიდა გადმოვა თქვენზე, და იქნებით ჩემი მოწმენი იერუსალიმში, მთელს იუდეასა და სამარიაში, ქვეყნის კიდემდე“* (საქმე 1:8).

მე უფალი მაშინ მივიღე, როდესაც ღმერთის ძალამ განკურნა ჩემი ყოველი დაავადება, რომლის წინააღმდეგაც მედიცინის მეცნიერება ვერაფერს გახდა. მოგვიანებით მირონცხებული გავხდი როგორც უფალი იესო ქრისტეს მსახური და მას შემდეგ ვქადაგებ სახარებას და ვახდენ ნიშნებსა და სასწაულებს.

როგორც ზედა სტროფში იყო დაპირებული, მრავალი ადამიანი გახდა ღმერთის შვილი სული წმინდის მიღებით და საკუთარი ცხოვრება იესო ქრისტეს სახარებას მიუძღვნეს სული წმინდის ძალით. ასე გავრცელდა სახარება მთელს მსოფლიოში და დღეს მრავალი ადამიანი ხვდება ცოცხალ ღმერთს და იღებენ იესო ქრისტეს.

> *„წადით, მოიარეთ მთელი ქვეყანა და*

უქადაგეთ სახარება ყველა ქმნილებას. ვინც იწამებს და ნათელს იღებს, ცხონდება, ვინც არა და, განიკითხება. ხოლო მორწმუნეთაგან განუყრელნი იქნებიან ეს სასწაულნი: ჩემი სახელით განდევნიან ეშმაკთ და ახალ ენებზე იმეტყველებენ. აიყვანენ გველებს, და თუ სასიკვდილოს დალევენ რასმე, არ ავნებს მათ; ხელს დაადებენ სნეულთ და განიკურნებიან ისინი" (მარკოზი 16:15-18).

წმინდა სამარხის ტაძარი გოლგოთაზე, იერუსალიმში

## თავი 2
# ღმერთის გამოგზავნილი მესია

# ღმერთი გვპირდება მესიას

ისრაელი ხშირად კარგავდა დამოუკიდებლობას და უწევდა სპარსეთის და რომის შემოსევებისგან ტანჯვა. თავისი წინასწარმეტყველების დახმარებით, ღმერთი დაპირდა მათ მესიას შესახებ, რომელიც ისრაელის მეფედ მოვიდოდა. ტკივილ მიყენებული ისრაელიტებისთვის ღმერთის მესიის დაპირებაზე უფრო დიდი იმედი არ არსებობდა.

*„შეგვეძინა შვილი, მოგვეცა ძე, რომლის მხარზეც იქნება ხელმწიფობა. დაერქმევა მას საოცარი მრჩეველი, ძლიერი ღმერთი, მარადიული მამა, მშვიდობის მთავარ. მისი ხელმწიფობა განივრცობა და მშვიდობას ბოლო არ ექნება დავითის ტახტზე და მის სამეფოში მის განსამტკიცებლად და სამართლიანობითა და სიმართლით მის შესანარჩუნებლად, ახლაც და მარადიულადაც. ლაშქართა ღვთის, იეჰოვას მოშურნეობა გააკეთებს ამას“* (ესაია 9:6-7).

*„აჰა, დადგება ჟამი, ამბობს უფალი, და აღვუდგენ დავითს მართალ მორჩს; მეფედ*

იმეფებს და ბრძნულად მოიქცევა; გააჩენს სამართალს და სიმართლეს ქვეყანაში. მის დროს თავს დაიხსნის იუდა და იმედიანად იცხოვრებს ისრაელი; ეს იქნება მისი სახელი, რომელსაც დაარქმევენ: უფალია ჩვენი სიმართლე" (იერემია 23:5-6).

„იხარე დიდად, სიონის ასულო! დაეცი ყიჟინა, იერუსალიმის ასულო! აჰა, შენი მეფე მოდის შენთან, მართლი და გამარჯვებული. თვინიერია ის და ამხედრებულია სახედარზე და ჩოჩორზე, ხრდალი ვირის ნაშიერზე. ამოვაგდებ ეტლებს ეფრემიდან და ცხენებს იერუსალიმიდან; შეიმუსრება საბრძოლო მშვილდი. მშვიდობას გამოუცხადებს უფალი ხალხებს და დამყარდება მისი ხელმწიფება ზღვიდან ზღვამდე და მდინარიდან ქვეყნის ბოლომდე" (ზაქარია 9:9-10).

ისრაელი დღემდე განუწყვეტლივ ელოდება მესიას მოსვლას. რა აფერხებს მესიას მოსვლას, რომელსაც ისრაელი ასე მგზნებარედ ელოდება? მრავალ ებრაელს სურს პასუხი ამ კითხვაზე, მაგრამ პასუხს იმ ფაქტში ვპოულობთ, რომ მათ არ იციან რომ მესია უკვე მოსულია.

## მესია იესო ეწამა, ზუსტად როგორც ესაიამ იწინასწარმეტყველა

მესია, რომელსაც ღმერთი ისრაელს დაპირდა და რომელიც მართლაც გამოგზავნა, არის იესო. იესო დაიბადა ბეთლემში, იუდეაში დაახლოებით ორი ათასი წლის წინ და როდესაც დრო მოვიდა, იესო მოკვდა ჯვარზე, აღსდგა და გახსნა ხსნის გზა მთელი ადამიანთა მოდგმისათვის. თუმცა, მისი დროის ებრაელებმა არ აღიარეს იესო მესიად, რომელსაც ისინი ელოდებოდნენ. ეს იმიტომ იყო ასე, რომ იესო სრულიად განსხვავდებოდა იმ მესიისგან, რომელსაც ისინი ელოდებოდნენ.

ებრაელები დაქანცულები იყვნენ დიდ ხნიანი კოლონიური წესით და ელოდებოდნენ ძლიერ მესიას, რომლებიც მათ პოლიტიკური ბრძოლისგან იხსნიდა. ისინი ფიქრობდნენ, რომ მესია მოვიდოდა როგორც ისრაელის მეფე, დაასრულებდა ყოველივე ომს, იხსნიდა მათ დევნისა და ჩაგვრისგან, მისცემდა მათ ჭეშმარიტ მშვიდობას და განადიდებდა მათ ყველა ერზე მეტად.

თუმცა, იესო ამ ქვეყანაზე არ მოსულა როგორც ბრწყინვალე და დიდებული მეფე, იგი დაიბადა ღატაკი დურგლის ძედ. იგი იმისთვის არც კი მოსულა, რომ ისრაელი გაეთავისუფლებინა რომის ჩაგვრისაგან. იგი ამ ქვეყანაზე იმიტომ მოვიდა, რომ აღედგინა

ადამიანთა მოდგმა, რომლებიც სიკვდილის გზაზე იდგნენ ადამის ცოდვის გამო და რომ გაეხადა ისინი ღმერთის შვილები.

ამ მიზეზების გამო, ებრაელებმა არ აღიარეს იესო მესიად და სამაგიეროდ იგი ჯვარს აცვეს. თუმცა, თუ კი შევისწავლით მესიის გამოხატულებას, რომელიც ბიბლიაში წერია, ჩვენ მხოლოდ განვამტკიცებთ იმ ფაქტს, რომ მესია მართლაც იესოა.

> *„ამოიზარდა როგორც მორჩი მის წინაშე და როგორც ფესვი ურწყული მიწიდან; არც ღირსება ჰქონია და არც მშვენება, რომ ზედ შეგვეხედა, არც იერი, რომ მივეზიდეთ. საძულველი იყო, კაცთაგან ათვალწუნებული, გატანჯული და სნებამორეული, ერთი იმათგანი, ვისაც პირს არიდებენ. საძულველი იყო და არად ვაგდებდით“* (ესაია 53:2-3).

ღმერთმა უთხრა ისრაელიტებს, რომ მესიას, ისრაელის მეფეს, არ ექნებოდა დიდებული ფორმა ან შეხედულება, პირიქით, ადამიანები მას აბუჩად აიგდებდნენ და მიატოვებდნენ. მაინც, ისრაელიტებმა არ აღიარეს იესო მესიად, რომელიც მას ღმერთი დაპირდა.

მას აბუჩად იგდებდნენ და მიატოვეს ღმერთის რჩეულმა ისრაელიტებმა, მაგრამ ღმერთმა იესო ქრისტე ყველა ერზე მაღლა დააყენა და დღემდე უამრავმა ადამიანმა მიიღო იყო საკუთარ მხსნელად.

როგორც ფსალმუნნი 118:22-23-ში წერია, *„მშენებლების მიერ დაწუნებული ქვა, კუთხის თავში დასადები ქვა გახდა. ეს იეჰოვამ მოახდინა, ჩვენს თვალში ეს საოცრებაა,“* კაცობრიობის ხსნის განგება იესომ შეასრულა, რომელიც ისრაელმა მიატოვა.

იესოს არ ჰქონია იმ მესიის შეხედულება, რომლესაც ისრაელი ელოდებოდა, მაგრამ ჩვენ შეგვიძლია გავიგოთ, რომ იესო არის მესია, რომელზეც ღმერთმა იწინასწარმეტყველა თავისი წინასწარმეტყველების დახმარებით.

ყველაფერი, დიდების, მშვიდობის და აღდგენის ჩათვლით, რომელიც ღმერთმა დაგვპირდა მესიას საშუალებით, ეკუთვნის სულიერ სამყაროს და იესომ, რომელიც ამ ქვეყანაზე მოვიდა მესიის დავალების შესასრულებლად, თქვა, *„ჩემი მეუფება არ არის ამქვეყნიური“* (იოანე 18:36).

მესია, რომელზეც ღმერთმა იწინასწარმეტყველა არ იყო ამქვეყნიური ძალაუფლების და დიდების მქონე მეფე. მესია იმისთვის არ მოდიოდა ამ ქვეყანაზე, რომ ღმერთის შვილებს სიამოვნება მიეღოთ სიმდიდრით, რეპუტაციით და ღირსებით ამ ქვეყანაზე მათი დროებითი ცხოვრების განმავლობაში. იგი იმიტომ მოდიოდა, რომ გადაერჩინა ადამიანები ცოდვისგან და წაძღოლოდა მათ საუკუნო სიხარულისა და დიდებისაკენ ზეცაში.

*„იმ დღეს ხალხთა დროშად იდგება იესეს ფესვი და მისკენ დაიწყებენ დენას ტომები; დიდება იქნება მისი სამყოფელი“* (ესაია 11:10).

დაპირებული მესია მხოლოდ ღმერთის რჩეული ისრაელიტებისთვის არ მოდიოდა, ასევე იგი იმიტომ მოვიდა, რომ შეესრულებინა ხსნის დაპირება იმ ადამიანებისთვის, რომლებიც რწმენით იღებენ ღმერთის დაპირებას მესიაზე და მიჰყვებიან აბრაამის რწმენის ნაკვალევს. მოკლედ რომ ვთქვათ, მესია იმისთვის მოდიოდა, რომ ღმერთის ხსნის დაპირება შეესრულებინა როგორც დედამიწის ყოველი ერის მხსნელს.

## მთელი ადამიანთა მოდგმის მხსნელის საჭიროება

რატომ მოდიოდა მესია ამ ქვეყანაზე არა მარტო ისრაელის ხალხის ხსნისათვის, არამედ მთელი კაცობრიობისათვის?

დაბადება 1:28-ში, ღმერთმა აკურთხა ადამი და ევა და უთხრა მათ *„ინაყოფიერეთ და იმრავლეთ, აავსეთ დედამიწა, დაეუფლეთ მას, ეპატრონეთ ზღვაში თევზს, ცაში ფრინველს, ყოველ ცხოველს, რაც კი დედამიწაზე დახოხავს.“*

პირველი ადამიანის, ადამის შექმნის და მისი

ყოველი არსების მეპატრონედ გახდომის შემდეგ, ღმერთმა ადამიანს მისცა ძალაუფლება რომ „დაემორჩილებინა" და „ემართა" დედამიწა. მაგრამ როდესაც ადამმა აკრძალული ხის ნაყოფი შეჭამა და დაუმორჩილებლობის ცოდვა ჩაიდინა, მას აღარ ჰქონდა ასეთი ძალაუფლება. როდესაც ისინი ღმერთის სამართლიან სიტყვას ემორჩილებოდნენ, ადამი და ევა იყვნენ სამართლიანობის მონები და ჰქონდათ ძალაუფლება, რომელიც მათ ღმერთმა მისცა, მაგრამ ცოდვის ჩადენის შემდეგ, ისინი გახდნენ ცოდვის და ეშმაკის მონები და ჩამოერთვათ ეს ძალაუფლება (რომაელთა 6:16). ამგვარად, მთელი ძალაუფლება, რომელიც ადამმა ღმერთისგან მიიღო, ეშმაკს გადაეცა.

ლუკა 4-ში ეშმაკმა სცადა იესოს შეცდენა, რომელსაც ახალი დამთავრებული ჰქონდა ორმოც დღიანი მარხვა. ეშმაკმა იესოს ამქვეყნიური სამეფოები აჩვენა და უთხრა, „მოგცემ შენ ყოველივე ამის ხელმწიფებას და დიდებას, ვინაიდან მე მაქვს მოცემული, და ვისაც მინდა, მას მივცემ. თუ დაემხობი თაყვანს მცემ მე, ყოველივე ეს შენი იქნება" (ლუკა 4:6-7). ეშმაკი გულისხმობს, რომ „ხელმწიფება და დიდება" „მას მიეცა" ადამისგან და ეშმაკსაც შეეძლო ამის სხვისთვის გადაცემა.

დიახ, ადამმა დაკარგა მთელი თავისი ძალაუფლება და გადაეცა ეშმაკს და შედეგად იგი ეშმაკის მონა გახდა. ამის შემდეგ ადამი ცოდვას ცოდვაზე იდენდა

ეშმაკის კონტროლის ქვეშ და სიკვდილის გზაზე იდგა, რომელიც ცოდვის საზღაურია. ეს არ გაჩერებულა ადამზე და გადავიდა მის მთელ შთამომავლობაზე, რომლებმაც ადამის თავდაპირველი ცოდვა მემკვიდრეობით მიიღეს. ისინი ასევე იმყოფებოდნენ ცოდვის ძალაუფლების ქვეშ, რომელსაც განაგებს ეშმაკი და სატანა.

ეს განმარტავს მესიას მოსვლის საჭიროებას. არა მარტო ღმერთის რჩეულ ისრაელს, არამედ მთელი მსოფლიოს ადამიანებს სჭირდებოდათ მესია, რომელიც მათ ეშმაკის და სატანის ძალაუფლებისგან გაათავისუფლებდა.

# მესიას შესაძლებლობები

ზუსტად როგორც მსოფლიოში კანონები არსებობს, ასევეა წესები და დადგენილობები სულიერ სამყაროშიც. სულიერი სამყაროს კანონზეა დამოკიდებული ადამიანი მიიღებს თუ არა ცოდვების მიტევებას, სიკვდილში ჩავარდება თუ ხსნას მიიღებს.

რა დამახასიათებელი შესაძლებლობები უნდა ჰქონდეს ადამიანს, რომ მესია გახდეს მთელი ადამიანთა მოდგმის გადასარჩენად რჯულის წყევლიდან?

დადგენილება მესიის შესაძლებლობების შესახებ შეგვიძლია ვიპოვნოთ რჯულში, რომელიც ღმერთმა თავის რჩეულს მისცა. რჯული იყო მიწის გამოსყიდვის შესახებ.

*„მიწა სამუდამოდ არ უნდა გაიყიდოს, რადგან ჩემია მიწა, რადგან თქვენ მდგმურები და ხიზნები ხართ ჩემთან. მთელ თქვენს სამკვიდრებელ მიწაზე მიეცით მიწის გამოსყიდვის ნება. თუ შენი მოძმე გაღარიბდება და თავის სამკვიდრებელს გაჰყიდის, მივიდეს მისი ახლო ნათესავი და გამოისყიდოს თავისი*

*მოძმის გაყიდული*“ (ლევიანნი 25:23-25).

მიწის გამოსყიდვის კანონში შედის საიდუმლოებები მესიის შესაძლებლობების შესახებ

ღმერთის რჩეული ისრაელიტები ცხოვრობდნენ რჯულის თანახმად. ამგვარად, მიწის ყიდვის და გაყიდვის გარიგებისას, ისინი მკაცრად იცავდნენ მიწის გამოსყიდვის კანონს, რომელიც ბიბლიაში წერია. სხვა ქვეყნების მიწის კანონებისგან განსხვავებით, ისრაელის კანონში ნათლად ეწერა, რომ მიწის სამუდამოდ გაყიდვა არ შეიძლებოდა და შესაძლებელი იყო იმავე მიწის უკან შესყიდვა. იქ წერია, რომ მდიდარ ნათესავს შეუძლია მიწის შესყიდვა თავისი ოჯახის წევრისათვის, რომელმაც მიწა გაყიდა. თუ კი ადამიანს არ ჰყავს მდიდარი ნათესავი, მაგრამ თვითონ აქვს სახსრები მიწა უკან შეისყიდოს, კანონი მიწის შესყიდვის უფლებას აძლევს თავდაპირველ მეპატრონეს.

მაშინ ლევიანნში ხსენებული მიწის გამოსყიდვის კანონი როგორ არის დაკავშირებული მესიას შესაძლებლობებთან?

ამის უკეთ გაგებისათვის, ჩვენ უნდა დავიმახსოვროთ ის ფაქტი, რომ ადამიანი შეიქმნა მიწის მტვრისაგან. დაბადება 3:19-ში ღმერთმა უთხრა ადამს, „*პიროფლიანი ჭამდე პურს, ვიდრე მიწად*

მიიქცეოდე, რადგან მისგანა ხარ აღებული, რადგან მტვერი ხარ და მტვრადვე მიიქცევი." და დაბადება 3:23-ში წერია, „გაუშვა იგი უფალმა ღმერთმა ედემის ბაღიდან, რომ დაემუშავებინა მიწა, საიდანაც იყო აღებული."

ღმერთმა უთხრა ადამს, „რადგან მისგანა ხარ აღებული," და „მიწა" სულიერად ნიშნავს იმას, რომ ადამიანი მიწის მტვრისაგან არის შექმნილი. ამიტომ, მიწის გამოსყიდვის კანონი, რომელიც ეხება მიწის ყიდვასა და გაყიდვას, პირდაპირ არის დაკავშირებული სულიერი სამყაროს კანონთან, რომელიც ადამიანთა მოდგმის ხსნას ეხება.

მიწის გამოსყიდვის კანონის თანახმად, ღმერთს ეკუთვნის ყოველი მიწა და არცერთ ადამიანს არ შეუძლია მისი სამუდამოდ გაყიდვა. ანალოგიურად, მთელი ძალაუფლება, რომელიც ადამმა ღმერთისგან მიიღო, ეკუთვნოდა ღმერთს და ამიტომ არავის შეეძლო მისი სამუდამოდ გაყიდვა. თუ კი ადამიანი გაღარიბდა და გაყიდა თავისი მიწა, მიწის გამოსყიდვა შესაძლებელი იყო მაშინ, როდესაც შესაფერისი ადამიანი მივიდოდა. ანალოგიურად, ეშმაკს უნდა დაებრუნებინა ძალაუფლება, რომელიც ადამისგან ჰქონდა მიღებული, როდესაც პიროვნება გამოჩნდა, რომელსაც შეეძლო ძალაუფლების უკან დაბრუნება.

მიწის გამოსყიდვის კანონის საფუძველზე, სიყვარულის და სამართლიანობის ღმერთმა მოამზადა პიროვნება, რომელსაც შეეძლო იმ ძალაუფლების

უკან დაბრუნება, რომელიც ადამმა ეშმაკს გადასცა. ეს პიროვნება არის მესია და მესია კი იესო ქრისტეა, რომელიც დროის დაწყებამდე ემზადებოდა და რომელიც თვით ღმერთმა გამოგზავნა.

## მხსნელის შესაძლებლობები და მათი ასრულება იესო ქრისტეს მიერ

მოდით შევამოწმოთ თუ რატომ არის იესო მესია და ადამიანთა მოდგმის მხსნელი, მიწის გამოსყიდვის კანონის საფუძველზე.

პირველი, ზუსტად როგორც მიწის გამომსყიდველი უნდა იყოს ნათესავი, მხსნელიც უნდა იყოს ადამიანი, რათა ადამიანთა მოდგმა ცოდვებისგან გამოისყიდოს, რადგან მთელი ადამიანთა მოდგმა ცოდვილი გახდა პირველი ადამიანის, ადამის ცოდვის გამო. ლევიანნი 25:25 გვეუბნება, *„თუ შენი მოძმე გაღარიბდება და თავის სამკვიდრებელს გაჰყიდის, მივიდეს მისი ახლო ნათესავი და გამოისყიდოს თავისი მოძმის გაყიდული.“* თუ კი ადამიანს აღარ შეეძლო თავისი მიწის შენარჩუნება და გაყიდა, მის ახლო ნათესავს შეუძლია მისი მიწის გამოსყიდვა. ანალოგიურად, რადგან პირველმა ადამიანმა, ადამმა ცოდვა ჩაიდინა და ღმერთის მიცემული ძალაუფლება ეშმაკს გადასცა, და ამ გამოსყიდვის ძალაუფლების შესრულება შესაძლებელია ადამიანის მიერ, ადამის „უახლოესი

ნათესავის" მიერ.

ასევე, ჩვენ ვკითხულობთ 1 კორინთელთა 15:21-ში, „ვინაიდან როგორც კაცის მიერ იქმნა სიკვდილი, ასევე კაცის მიერ – მკვდრეთით აღდგომაც," ბიბლია გვიდასტურებს, რომ ცოდვილების გამოსყიდვა არა ანგელოზებით იყო შესაძლებელი, არამედ ადამიანით. პირველი ადამიანის, ადამის ცოდვის გამო, მთელი ადამიანთა მოდგმა სიკვდილის გზას დაადგა, ვინმეს უნდა გამოესყიდა ისინი და მხოლოდ ერთადერთ ადამიანს, ადამის „უახლოეს ნათესავს" შეეძლო ამის გაკეთება.

მიუხედავად იმისა, რომ იესოს, როგორც ღმერთის ძეს ადამიანური და ღვთაებრივი ბუნება ჰქონდა, იგი დაიბადა ადამიანად, რათა ადამიანთა მოდგმა გამოესყიდა ცოდვებისაგან (იოანე 1:14). როგორც ადამიანი, იესო გრძნობდა შიმშილის და დაღლილობის გრძნობას, სიხარულს და მწუხარებას. როდესაც ჯვარზე ეკიდა, იესოს სისხლი მოსდიოდა და იგრძნო ტკივილი.

ისტორიულ კონტექსტშიც კი, არსებობს უდავო ნაწილი იმ ფაქტთან დაკავშირებით, რომ იესო მოვიდა ამ ქვეყანაზე როგორც ადამიანი. იესოს დაბადებით როგორც ათვლის წერტილი, მსოფლიოს ისტორია ორად არის დაყოფილი: „ქრისტეს შობამდე" და

„ქრისტეს შობიდან." „ქრისტეს შობამდე" გულისხმობს დროს ქრისტეს დაბადებამდე და „ქრისტეს შობიდან" გულისხმობს დროს იესოს დაბადების შემდეგ. ეს ფაქტი ამტკიცებს, რომ იესო ამ ქვეყანაზე მოვიდა როგორც ადამიანი. ამგვარად, იესო აკმაყოფილებს მხსნელის პირველ შესაძლებლობას, რადგან იგი ამ სამყაროში ადამიანად მოვიდა.

მეორე, ზუსტად როგორც მიწის გამომსყიდველს არ შეუძლია მიწის გამოსყიდვა თუ კი იგი ღარიბია, ადამის შთამომავალს არ შეუძლია ადამიანთა მოდგმის ცოდვებისგან გამოსყიდვა, რადგან ადამმა ცოდვა ჩაიდინა და ყოველი მისი შთამომავალი იბადება თავდაპირველი ცოდვით. ადამიანთა მოდგმის მხსნელი არ უნდა იყოს ადამის შთამომავალი.

თუ კი ძმას სურს დის ვალის გადახდა, მას თვითონ არ უნდა ჰქონდეს რაიმე ვალი. ანალოგიურად, პიროვნება, რომელიც სხვებს ცოდვებისგან გამოისყიდის, უნდა იყოს ცოდვის გარეშე. თუ კი გამომსყიდველი ცოდვილია, იგი ცოდვის მონაა. მაშინ როგორ შეუძლია მას სხვების ცოდვებისგან გამოსყიდვა?

მას შემდეგ რაც ადამმა დაუმორჩილებლობის ცოდვა ჩაიდინა, მისი ყოველი შთამომავალი იბადება თავდაპირველი ცოდვით. ამგვარად, ადამის ვერცერთი შთამომავალი ვერ იქნება მხსნელი.

ხორციელად რომ ვთქვათ, იესო არის დავითის

შთამომავალი და მისი მშობლები არიან იოსები და მარიამი. თუმცა მათე 1:20 გვეუბნება, *„ვინც მასში ჩასახულია, სული წმიდისაგან არის.“*

მიზეზი იმისა, თუ რატომ იბადება ყოველი ადამიანი თავდაპირველი ცოდვით, არის ის, რომ იგი მემკვიდრეობით იღებს მშობლების ცოდვილ თვისებებს მამის სპერმითა და დედის საკვერცხით. თუმცა, იესო არ ჩასახულა იოსების სპერმით და მარიამის საკვერცხით; იგი ჩაისახა სული წმინდის ძალით. ეს იმიტომ, რომ მარიამი იოსებთან სექსუალურ კონტაქტამდე გახდა ორსულად. ყოვლისშემძლე ღმერთს შეუძლია, რომ სული წმინდის ძალით ჩასახოს ბავშვი სპერმისა და საკვერცხის გარეშე.

იესომ უბრალოდ „ითხოვა“ ქალწული მარიამის სხეული. რადგან იგი სული წმინდის ძალით ჩაისახა, იესოს მემკვიდრეობით არ გადასცემია ცოდვილების თვისებები. რადგან იესო არ არის ადამის შთამომავალი და არ აქვს თავდაპირველი ცოდვა, იგი აკმაყოფილებს მხსნელის მეორე შესაძლებლობასაც.

მესამე, ზუსტად როგორც მიწის გამომსყიდველი უნდა იყოს მდიდარი მიწის გამოსასყიდად, ადამიანთა მოდგმის მხსნელს უნდა ჰქონდეს ძალა ეშმაკის დამარცხებისა და მისგან ადამიანთა მოდგმის გათავისუფლების.

ლევიანნი 25:26-27 გვეუბნება, *„თუ კაცს გამომსყიდველი არა ჰყავს და თავად ხელი მიუწვდება*

*და იშოვის გამოსასყიდს, რამდენიც საჭიროა, იანგარიშოს გაყიდვიდან გასული წლები, მონარჩენი მყიდველს დაუბრუნოს და თავისი სამკვიდრებელი ჩაიბაროს.“* სხვა სიტყვებით რომ ვთქვათ, ადამიანს მიწის გამოსასყიდად, უნდა ჰქონდეს ამის საშუალება.

ომის პატიმრების გადასარჩენად საჭიროა ერთ მხარეს ჰქონდეს საკმარისი ძალა მტრის დასამარცხებლად და სხვების ვალის გადახდისათვის საჭიროა, რომ ადამიანს ჰქონდეს ფინანსური შესაძლებლობები. ანალოგიურად, ადამიანთა მოდგმის ეშმაკისგან გათავისუფლება საჭიროებს, რომ მხსნელს ჰქონდეს საკმარისი ძალა ეშმაკის დამარცხებისა.

ცოდვის ჩადენამდე, ადამს ჰქონდა იმის ძალაუფლება, რომ ყველაფერი ემართა, მაგრამ ცოდვის ჩადენის შემდეგ, ადამი ეშმაკის ძალაუფლების ქვეშ მოექცა. აქედან გამომდინარე, ჩვენ ვიგებთ, რომ ეშმაკის დასამარცხებელი ძალა მოდის უცოდველობისგან.

იესო კი უცოდველი იყო. რადგან იესო სული წმინდით ჩაისახა, მას არ ჰქონდა თავდაპირველი ცოდვა. გარდა ამისა, რადგან იგი მხოლოდ ღმერთის კანონით ცხოვრობდა, იესოს თვითონ ჩადენილი ცოდვებიც არ ჰქონია. ამ მიზეზის გამო, პეტრე მოციქულმა თქვა, რომ იესოს, *„არც შეუცოდავს და არც დასჩენია ზაკვა მის ბაგეს, ვისაც ჰგმობდნენ და სანაცვლოდ არავის ჰგმობდა, აწამებდნენ და არ იმუქრებოდა, არამედ თავის თავს ანდობდა მართლად*

*გამკითხეს“* (1 პეტრე 2:22-23).

რადგან მას ცოდვა არ ჰქონდა, იესოს ჰქონდა ძალაუფლება ეშმაკის დამარცხების და ადამიანთა მოდგმის გადარჩენის. ამას ამტკიცებს მიეს მიერ მოხდენილი მრავალი ნიშანი და სასწაული. იესომ განკურნა ავადმყოფები, განდევნა დემონები, ფეხზე დააყენა ინვალიდები და ბრმებს თვალი აუხილა. იესომ მძვინვარე ძღვაც დაამშვიდა და მკვდარიც კი გააცოცხლა.

ის ფაქტი, რომ იესო უცოდველი იყო, მისი აღდგომით განმტკიცდა. სულიერი სამყაროს კანონის თანახმად, ცოდვილები იღებენ სიკვდილს (რომაელთა 6:23). თუმცა, რადგან იგი უცოდველი იყო, იესო არ იმყოფებოდა სიკვდილის ძალის ქვეშ. მისი ბოლო ამოსუნთქვა იყო ჯვარზე და მისი სხეული საფლავში იყო დამარხული, მაგრამ მესამე დღეს იგი აღსდგა.

გაითვალისწინეთ, რომ რწმენის ისეთი მამები, როგორებიც ენოქი და ელია იყვნენ, ზეცაში ცოცხლები ავიდნენ, რადგან ისინი უცოდველები იყვნენ. ანალოგიურად, მისი დასაფლავებიდან მესამე დღეს, იესომ დაამარცხა ეშმაკის და სატანის ძალაუფლება თავისი აღდგომით და გახდა ადამიანთა მოდგმის მხსნელი.

მეოთხე, ზუსტად როგორც მიწის გამომსყიდველს

უნდა ჰქონდეს სიყვარული თავისი ნათესავისადმი, ადამიანთა მოდგმის მხსნელიც უნდა ფლობდეს სიყვარულს, რომლითაც სხვებისთვის საკუთარ სიცოცხლესაც კი გასწირავს.

მაშინაც კი, თუ მხსნელი აკმაყოფილებს პირველ სამ შესაძლებლობას, მაგრამ არ ფლობს სიყვარულს, იგი ვერ გახდება ადამიანთა მოდგმის მხსნელი. ვთქვათ, რომ ძმას აქვს 100000 ა.შ.შ. დოლარი ვალი და მისი და არის მულტიმილიონერი. სიყვარულის გარეშე, და არ გადაიხდიდა ძმის ვალს და მისი უზარმაზარი სიმდიდრე ძმისთვის არაფერს წარმოადგენს.

იესო ამ სამყაროში მოვიდა როგორც ადამიანი, არ ყოფილა ადამის შთამომავალი და გააჩნდა ძალა ეშმაკის დამარცხების და ადამიანთა მოდგმის ხსნის, რადგან მას არავითარი ცოდვა არ ჰქონია. თუმცა, მას სიყვარული რომ არ ჰქონოდა, იესო ვერ შეძლებდა ადამიანთა მოდგმის ცოდვებისგან გამოსყიდვა. „იესოს მიერ ადამიანთა ცოდვებისგან გამოსყიდვა" ნიშნავს იმას, რომ იგი მათ მაგივრად მიიღებდა სიკვდილის სასჯელს. იმისათვის, რომ იესოს ადამიანთა მოდგმა ცოდვებისგან გამოესყიდა, იგი ჯვარს უნდა ცმოდა როგორც ერთ-ერთი ყველაზე ცოდვილი ადამიანი მთელი დედამიწის ზურგზე. თუმცა, რადგან იესოს ადამიანთა მოდგმისადმი სიყვარული ასეთი მგზნებარე იყო და მათი ცოდვებისგან გათავისუფლება სურდა, იესო არც კი ნერვიულობდა ჯვარცმის სასჯელზე.

მაშინ რატომ უნდა ყოფილიყო იესო ჯვარცმული და რატომ უნდა დაეღვარა სისხლი? როგორც რჯული 21:23 გვეუბნება, *„ღვთის მიერ არის დაწყევლილი ხეზე ჩამოკიდებული,“* და სულიერი სამყაროს რჯულის მიხედვით, რომელიც აცხადებს, რომ „ცოდვის საზღაური სიკვდილია,“ იესო ხეზე ეკიდა, რათა გამოესყიდა კაცობრიობა ცოდვის წყევლისაგან.

გარდა ამისა, როგორც ლევიანნი 17:11-ში წერია, *„რადგან სისხლშია ხორციელის სული. მე დაგიწესეთ იგი სამსხვერპლოსთვის თქვენი სულის შესანდობლად, რადგან სისხლია, რომ შეუნდობს სულს,“* სისხლის დაღვრის გარეშე, შეუძლებელია ცოდვების მიტევება.

რა თქმა უნდა, ლევიანნი გვეუბნება, რომ კარგი ფქვილის შეწირვა ღმერთისადმი შესაძლებელია ცხოველების სისხლის შეწირვის მაგივრად. თუმცა, ეს საზომი იყო იმ ადამიანებისათვის, რომლებიც ვერ ახერხებდნენ ცხოველის სისხლის შეწირვას. ეს არ იყო ისეთი სისხლის შესაწირი, რომლითაც ღმერთი კმაყოფილი რჩებოდა. იესომ ჯვარცმით და სიკვდილამდე სისხლის ღვრით, გამოგვისყიდა ცოდვებისაგან.

მიწის გამოსყიდვის კანონის საფუძველზე, ჩვენ ვასკვნით, რომ მხოლოდ იესო აკმაყოფილებს მხსნელის შესაძლებლობებს, რომელსაც შეუძლია ადამიანთა მოდგმის ცოდვებისგან გამოსყიდვა.

## ადამიანთა მოდგმის ხსნის გზა, რომელიც მომზადდა დროის დასაწყისამდე

ადამიანთა მოდგმის ხსნის გზა მაშინ გაიხსნა, როდესაც იესო ჯვარზე მოკვდა და დაკრძალვიდან მესამე დღეს აღსდგა და დაამარცხა სიკვდილის ძალაუფლება. იესოს ამ ქვეყნად მოსვლა და ადამიანთა მოდგმის მესიად გახდომა ნაწინასწარმეტყველებ იქნა ზუსტად იმ მომენტში, როდესაც ადამმა ცოდვა ჩაიდინა

დაბადება 3:15-ში ღმერთმა უთხრა გველს, რომელმაც ქალი შეაცდინა, *„მტრობას ჩამოვაგდებ შენსა და დედაკაცს შორის, შენს თესლსა და დედაკაცის თესლს შორის: ის თავს გიჭეჭყავდეს, შენ კი ქუსლს უგესლავდე“* აქ, „დედაკაცი“ სიმბოლურად გამოხატავს ღმერთის რჩეულ ისრაელს და „გველი“ ნიშნავს ეშმაკს და სატანას. როდესაც „დედაკაცის“ თესლი „თავს გაუჭეჭყავს,“ ეს იმას ნიშნავს, რომ ადამიანთა მოდგმის მხსნელი მოვიდოდა ისრაელიტებს შორის და დაამარცხებდა ეშმაკის სიკვდილის ძალას.

გველი უძლური ხდება, როდესაც თავი უზიანდება. ანალოგიურად, როდესაც ღმერთმა უთხრა გველს, რომ დედაკაცის თესლი თავს გაუჭეჭყავდა ეშმაკს, მან იწინასწარმეტყველა, რომ ადამიანთა მოდგმის ქრისტე დაიბადებოდა ისრაელში და გაანადგურებდა ეშმაკის და სატანის ძალაუფლებას და გადაარჩენდა ცოდვილებს.

რადგან მან ეს იცოდა, ეშმაკს სურდა დედაკაცის თესლის მოკვლა სანამ იგი თავს გაუჭეჭყავდა. ამის სჯეროდა ეშმაკს, რომ სამუდამოდ ისიამოვნებდა ძალაუფლებით, რომელიც ადამის დაუმორჩილებლობის გამო გადაეცა. თუმცა, ეშმაკმა არ იცოდა, თუ ვინ იქნებოდა დედაკაცის თესლი და ამიტომ დაიწყო ხრიკების მოწყობა ღმერთის ერთგული წინასწარმეტყველების მოსაკლავად ძველი აღთქმის დროიდან.

როდესაც მოსე დაიბადა, ეშმაკმა წააქეზა ეგვიპტის ფარაონი, რომ ისრაელის ქალის ყოველი ახალშობილი ვაჟი მოაკლდა (გამოსვლა 1:15-22), და როდესაც იესო მოვიდა ამ ქვეყანაზე ხორცად, მან მეფე ჰეროდეს მოაკვლევინა ყოველი ვაჟი, რომლებიც ბეთლემში იყვნენ და მის მიდამოებში და რომლებიც ორი წლისანი ან ნაკლების იყვნენ. ამ მიზეზის გამო, ღმერთი მოქმედებდა იესოს ოჯახისათვის და დაეხმარა მათ ეგვიპტიდან გაქცეულიყვნენ.

აქედან მოყოლებული იესო ღმერთის მზრუნველობის ქვეშ იზრდებოდა და 30 წლის ასაკში დაიწყო თავისი სამღვდელოება. ღმერთის ნების თანახმად, იესომ მთელი გალილეა მოიარა, ასწავლიდა სინაგოგებში და ხალხში კურნავდა ყველანაირ ავადმყოფობას და აცოცხლებდა მკვდარს და ღატაკებისთვის ქადაგებდა ზეცის სამეფოს სახარებას.

ეშმაკმა და სატანამ წააქეზეს მღვდელმთავრები

და ფარისეველები და შეთქმულება დადეს იესოს მოსაკლავად. მაგრამ ბოროტმოქმედებმა ხელი ვერ დააკარეს იესოს ღმერთის არჩეულ დრომდე. მხოლოდ იესოს სამწლიანი სამღვდელოების დასასრულისკენ ღმერთმა საშუალება მისცა მათ მისი დაჭერა და ჯვარცმა, რათა იესოს შეესრულებინა ადამიანთა მოდგმის ხსნის განგება.

რომაელმა მმართველმა პილატემ დასაჯა იესო ჯვარცმით და ამგვარად რომაელმა ჯარისკაცებმა იესოს ეკლებიანი გვირგვინი დაადგეს და ჯვარზე ფეხებითა და ხელებით მიაჭედეს.

ჯვარცმა ერთ-ერთი ყველაზე სასტიკი სიკვდილით დასჯის მეთოდი იყო. როდესაც ეშმაკმა წარმატება მიაღწია იესოს ჯვარცმის ასეთი სასტიკი მეთოდით, როგორი ბედნიერი იქნებოდა ამ დროს ეშმაკი! მას ეგონა, რომ ვერავინ და ვერაფერი შეძლებდა მისთვის ხელის შეშლას სამყაროს მეფობაზე და ცეკვით მღეროდა სიხარულის სიმღერებს. მაგრამ აქ იყო დამალული ღმერთის განგება.

*„არამედ სიბრძნეს ღვთისას, საიდუმლოსა და დაფარულს, საუკუნეთა უწინარეს, ჩვენდა სადიდებლად რომ განაწესა ღმერთმა; სიბრძნეს, რომელიც ვერ შეიცნო ვერცერთმა მთავარმა ამა ქვეყნისა, ვინაიდან, რომ შეეცნოთ, ჯვარს აღარ აცვამდნენ დიდების უფალს" (1 კორინთელთა 2:7-8).*

რადგან ღმერთი სამართლიანია, იგი არ იღებს სრულყოფილ ძალაუფლებას კანონის დარღვევით, იგი ყველაფერს სულიერი სამყაროს კანონის მიხედვით აკეთებს. ამგვარად, მან მოამზადა ადამიანთა მოდგმის ხსნის გზა დროის დაწყებამდე ღმერთის კანონის მიხედვით.

სულიერი სამყაროს კანონის მიხედვით, რომელიც ამბობს, რომ „ცოდვის საზღაური სიკვდილია" (რომაელთა 6:23), თუ კი ადამიანი ცოდვას არ ჩაიდენს, მას სიკვდილი არ შეხვდება. თუმცა, ეშმაკმა ჯვარს აცვა უცოდველი, წმინდა და უდანაშაულო იესო. ამგვარად ეშმაკმა დაარღვია სულიერი სამყაროს კანონი და მოუწია სასჯელის გადახდა ადამის ძალაუფლების უკან გადაცემით. სხვა სიტყვებით რომ ვთქვათ, ეშმაკს უნდა დაეთმო ის ადამიანები, რომლებიც იესოს თავიანთ მხსნელად მიიღებდნენ.

თუ კი ეშმაკს ღმერთის ეს სიბრძნე ეცოდინებოდა, იგი იესოს ჯვარზე არ აცვამდა. თუმცა, რადგან მან ამ საიდუმლოზე არაფერი იცოდა, უცოდველი იესო მოკლა და მტკიცედ სჯეროდა, რომ ეს უზრუნველყოფდა მის მიერ სამყაროს სამუდამოდ მართვას. მაგრამ სინამდვილეში ეშმაკი საკუთარ მახეში გაება და დაარღვია სულიერი სამყაროს კანონი. როგორი გასაოცარია ღმერთის სიბრძნე!

სიმართლე ის არის, რომ ეშმაკი გახდა ღმერთის ადამიანთა მოდგმის ხსნის განგების შესრულების ინსტრუმენტი და როგორც დაბადების წიგნში წერია,

მისი თავი „გაჭეჭყილ“ იქნა დედაკაცის თესლის მიერ.

ღმერთის განგებითა და სიბრძნით, უცოდველი იესო მოკვდა, რათა ადამიანთა მოდგმა ცოდვებისაგან გამოესყიდა და მესამე დღეს აღდგომით, მან ეშმაკის სიკვდილის ძალაუფლება გაანადგურა და გახდა მეფეთა მეფე და უფალთა უფალი.

ამგვარად, ადამიანთა მოდგმის ისტორიის განმავლობაში მრავალი ხალხი იხსნა რწმენთ იესო ქრისტეში და ამიტომ კიდევ უფრო მეტი ადამიანი იღებს უფალ იესო ქრისტეს.

## სული წმინდის მიღება იესო ქრისტეში რწმენით

რატომ ვიღებთ ხსნას, როდესაც იესო ქრისტესი გვწამს? როდესაც იესო ქრისტეს ჩვენს მხსნელად ვიღებთ, ჩვენ ღმერთი სული წმინდას გვაძლევს. როდესაც სული წმინდას ვიღებთ, ჩვენი სულები, რომლებიც მკვდრები იყვნენ, აღსდგებიან. რადგან სული წმინდა არის ღმერთის ძალა და გული, სული წმინდა ღმერთის შვილებს უძღვება ჭეშმარიტებისაკენ და ეხმარება მათ ღმერთის ნების თანახმად იცხოვრონ.

ამგვარად, მათ, ვისაც ჭეშმარიტად სწამთ იესო ქრისტესი როგორც მათი მხსნელი, გაჰყვებიან სული წმინდის სურვილებს და ეცდებიან ღმერთის სიტყვის მიხედვით იცხოვრონ. ისინი განდევნიან სიძულვილს, ცხელ ტემპერამენტს, შურს, ეჭვიანობას, სხვების

განსჯას და ღალატს და სამაგიეროთ სიკეთით, ჭეშმარიტებით და სიყვარულით აივსებიან.

როგორც ზემოთ იყო აღნიშნული, როდესაც პირველმა ადამიანმა, ადამმა ცოდვა ჩაიდინა და აკრძალული ხის ნაყოფი შეჭამა, მასში სული მოკვდა და განადგურების გზას დაადგა. მაგრამ როდესაც ჩვენ სული წმინდას ვიღებთ, ჩვენი მკვდარი სულები აღსდგება და რამდენადაც გავყვებით სული წმინდის სურვილებს და ვიცხოვრებთ ღმერთის სიტყვის თანახმად, იმდენად გავხდებით ჭეშმარიტების ადამიანები.

როდესაც ღმერთის ჭეშმარიტი სიტყვის მიხედვით ვცხოვრობთ, ჩვენი რწმენა აღიარებულ იქნება როგორც „ჭეშმარიტი რწმენა," და რადგან ჩვენი ცოდვები განიწმინდება იესოს სისხლით საკუთარი რწმენის ქმედებების მიხედვით, ჩვენ შევძლებთ ხსნის მიღებას. ამ მიზეზის გამო, 1 იოანე 1:7 გვეუბნება, *„ხოლო თუ ნათელში დავდივართ, როგორც თვითონვეა ნათელში, მაშინ ერთმანეთს ვეზიარებით და მისი ძის – იესო ქრისტეს სისხლი ყოველგვარი ცოდვისგან გაგვწმენდს."*

ასე მივდივართ რწმენით ხსნამდე მას შემდეგ რაც ცოდვები მიგვეტევება. თუმცა, თუ კი ჩვენ ცოდვით ვიცხოვრებთ მიუხედავად ჩვენი რწმენის აღიარებისა, ეს აღიარება სიცრუეა და ამგვარად, ჩვენი უფალი იესო ქრისტეს სისხლი ვერ გამოგვისყიდავს ცოდვებისაგან

და მაშასადამე ვერც ხსნას მივიღებთ.

რა თქმა უნდა, ეს სხვაგვარად არის იმ ადამიანებისთვის, რომლებმაც ახლახან მიიღეს იესო ქრისტე. მაშინაც კი, თუ ისინი ჯერ არ ცხოვრობენ ჭეშმარიტებაში, ღმერთი განიხილავს მათ გულებს, დარწმუნდება, რომ მათი შეცვლა შესაძლებელია და წარუძღვება მათ ხსნისაკენ, როდესაც ეცდებიან ჭეშმარიტებაში ცხოვრებას.

## იესო ასრულებს წინასწარმეტყველებებს

წინასწარმეტყველების მიერ ნაწინასწარმეტყველები ღმერთის სიტყვა მესიას შესახებ, იესომ აღასრულა იესოს ცხოვრების ყოველი ასპექტი, მისი დაბადებიდან და სამღვდელოებიდან, სიკვდილით, ჯვარცმით და აღდგომით დამთავრებული, ღმერთის განგების თანახმად მოხდა, რათა იგი გამხდარიყო მესია და ადამიანთა მოდგმის მხსნელი.

### იესო დაიბადა ქალწულის მიერ ბეთლემში

ღმერთმა იესოს დაბადება წინასწარმეტყველი ესაიას მიერ იწინასწარმეტყველა. ღმერთის არჩევის დროს, ღმერთის ძალა მივიდა ქალწულ მარიამთან ნაზარეთში, გალილეაში და იგი მალევე დაორსულდა.

„ამიტომ თავად მოგცემს მეუფე ნიშანს: აჰა, მუცლადიღებს ქალწული და შობს ძეს, და უწოდებს სახელად ემანუელს" (ესაია 7:14).

ზუსტად როგორც ღმერთი დაპირდა ისრაელის

ხალხს, „დავითის სახლში არ იქნება მეფეთა მოდგმის დასასრული," მან მესია ქალის მიერ მოიყვანა რომელსაც მარიამი ერქვა და რომელიც იოსებზე, დავითის შთამომავალზე უნდა დაქორწინებულიყო. როგორც ადამის შთამომავალს, რომელსაც თავდაპირველი ცოდვა ექნებოდა, ვერ გამოისყიდდა ადამიანთა მოდგმას ცოდვისაგან, ღმერთმა შეასრულა წინასწარმეტყველება, და ქალწულმა მარიამმა გააჩინა იესო სანამ იოსებზე დაქორწინდებოდა.

*„შენ კი, ეფრათას ბეთლემო, ძალიან პატარა ხარ საიმისოდ, რომ იუდას ათასთა შორის იყო, მაგრამ შენგან გამომივა მმართველი ისრაელში; ძველი დროიდანაა მისი წარმოშობა, უხსოვარი დროიდან"* (მიქა 5:2).

ბიბლიამ იწინასწარმეტყველა, რომ იესო დაიბადებოდა ბეთლემში. მართლაც, იესო დაიბადა იუდეაში, ბეთლემში მეფე ჰეროდეს დროს (მათე 2:1), და ისტორია ამტკიცებს ამ მოვლენას.

როდესაც იესო დაიბადა, მეფე ჰეროდეს ეშინოდა მისი და იესოს მოკვლა სცადა. თუმცა, რადგან მან ვერ შეძლო ჩვილის პოვნა, მეფე ჰეროდემ მოკლა ყოველი ვაჟი ბეთლემში და მის გარშემო.

თუ კი იესო არ მოვიდოდა ამ ქვეყანაზე ებრაელთა მეფედ, მაშინ რატომ გაწირავდა მეფე ამდენ ჩვილს ერთი ბავშვის მოსაკლავად? ეს ტრაგედია იმიტომ

მოხდა, რომ ეშმაკი მესიას ეძებდა მოსაკლავად, რადგან მას მისი სამყაროს მართვის ეშინოდა და მეფე ჰეროდეს ასეთი რამ ჩაადენინა, რომელსაც ეშინოდა საკუთარი გვირგვინის დაკარგვა.

## იესო ამტკიცებს ცოცხალ ღმერთს

მისი სამღვდელოების დაწყებამდე, იესო სრულყოფილად იცავდა რჯულს 30 წლის განმავლობაში. და როდესაც საკმარისად დიდი იყო, რომ მღვდელი გამხდარიყო, მან დაიწყო თავისი სამღვდელოების შესრულება, რომ მესია გამხდარიყო, როგორც ეს ყველაფერი დაგეგმილი იყო დროის დაწყებამდე.

*„სული უფლისა, ღვთისა, ჩემზეა გადმოსული, რადგან მცხო მე უფალმა გლახაკთათვის სახარებლად; მომავლინა გულშემუსვრილთა განსაკურნებლად, ტყვეთათვის თავისუფლების გამოსაცხადებლად და შებორკილთა ასახსნელად. გამოსაცხადებლად უფლის წყალობის წელიწადისა და ჩვენი ღვთის შურისგების დღისა, სანუგეშებლად ყოველი მგლოვიარისა; დასაწესებლად, რომ სიონზე მგლოვიარეთ მისცენ გვირგვინი ნაცრის ნაცვლად, სიხარულის ზეთი – გლოვის ნაცვლად, ქება-დიდების სამოსელი – მჭმუნვარების სულის ნაცვლად,*

*რათა ეწოდოთ მათ სიმართლის მუხები –*
*საუფლო ნერგი, რომ იდიდონ“* (ესაია 61:1-3).

როგორც ზემოთ ხსენებულ წინასწარმეტყველებაში ვხედავთ, იესომ გადაჭრა სიცოცხლის ყველა პრობლემა ღმერთის ძალით და ანუგეშებდა გულგატეხილებს. და როდესაც ღმერთის დანიშნული დრო მოვიდა, იესო წავიდა იერუსალიმში საკუთარი თავის შესაწირად.

*„იხარე დიდად, სიონის ასულო! დაეცი ყიჟინა, იერუსალიმის ასულო! აჰა, შენი მეფე მოდის შენთან, მართლი და გამარჯვებული. თვინიერია ის და ამხედრებულია სახედარზე და ჩოჩორზე, ხრდალი ვირის ნაშიერზე“* (ზაქარია 9:9).

ზაქარიას წინასწარმეტყველების თანახმად, იესო იერუსალიმის ქალაქში ჩოჩორზე შემჯდარი შევიდა. ხალხი ყვიროდა, *„ოსანა დავითის ძეს! კურთხეულია მომავალი უფლის სახელით! ოსანა მაღალთა შინა!“* (მათე 21:9) ხალხი მხიარულობდა, რადგან იესო ახდენდა გასაოცარ ნიშნებსა და სასწაულებს. თუმცა, მალევე ხალხმა მას უღალატა და ჯვარს აცვა.

როდესაც მათ დაინახეს, თუ რამდენი ადამიანი მიჰყვებოდა იესოს მისი ძალაუფლების სიტყვების მოსასმენად და როგორც ამჟღავნებდა იგი ღმერთის ძალას, მღვდელმთავრებმა და ფარისევლებმა იგრძნეს, რომ მათ საზოგადოებრივ პოზიციას საფრთხე

ემუქრებოდა. იესოსადმი ულმობელი სიძულვილის გამო, მათ შეთქმულება დადეს მის მოსაკლავად. მათ შექმნეს სხვადასხვა ცრუ დამამტკიცებელი საბუთები იესოს წინააღმდეგ და დააბრალეს მას ხალხის შეცდუნება და წაქეზება. იესომ ღმერთის ძალის ისეთი სასწაულები მოახდინა, რომლებიც თუ კი ღმერთი მასთან ერთად არ იქნებოდა, შეუძლებელი იქნებოდა, მაგრამ მათ სცადეს იესოს თავიდან მოშორება.

საბოლოოდ, ერთ-ერთმა იესოს მოწაფემ გასცა იესო და მღვდლებმა მას 30 ვერცხლი გადაუხადეს იესოს დაჭერაში დახმარებისათვის. ზაქარიას წინასწარმეტყველება ოცდაათი ვერცხლის შესახებ, ამბობს, *„მეც ავიღე ოცდაათი ვერცხლი და ჩავყარე უფლის სახლის საგანძურში,“* ასრულდა (ზაქარია 11:12-13).

მოგვიანებით იმ ადამიანს, რომელმაც იესო გასცა, სინდისმა შეაწუხა და ოცდაათი ვერცხლი მღვდლებსა და უხუცესებს უკან დაუბრუნა, მაგრამ მღვდლებმა „მეთუნის მინდორი“ იყიდეს ამ ფულით (მათე 27:3-10).

## იესოს ძლიერი გრძნობა და სიკვდილი

როგორც ესაიამ იწინასწარმეტყველა, იესომ თავი გასწირა ხალხის გადასარჩენად. რადგან იესო ამ ქვეყანაზე ღმერთის განგების შესასრულებლად მოვიდა, იგი ხის ჯვარზე აცვეს და მოკლეს, რაც სიმბოლურად გამოხატავს წყევლას.

*„ნამდვილად კი, მან იკისრა ჩვენი სნებები და იტვირთა ჩვენი სატანჯველი; ჩვენ კი გვეგონა, ღვთისგან იყო ნაცემ-ნაგვემი და დამცირებული. მაგრამ ის ჩვენი ცოდვებისთვის იყო დაჭრილი, ჩვენი უკეთურობებისთვის დალეწილი; მასზე იყო სასჯელი ჩვენი სიმრთელისთვის და მისი წყლულებით ჩვენ განვიკურნეთ. ყველანი ცხვრებივით დავეხეტებოდით, თითოეული ჩვენ-ჩვენ გზას ვადექით, უფალმა კი მას შეჰყარა ყოველი ჩვენგანის უკეთურება. ევნო და ეწამა, მაგრამ არ დაუძრავს ბაგე; კრავივით დასაკლავად მიიყვანეს და, როგორც ცხვარი დუმს მპარსველთა წინაშე, მასაც არ დაუძრავს ბაგე. საპყრობილედან და სამსჯავროდან იქნა წაყვანილი და ვინ იფიქრებდა მის მოდგმაზე, როცა ცოცხალთა მიწიდან მოიკვეთა; ჩემი ხალხის ცოდვებისთვის დაისაჯა. მიეცა სამარხი ბოროტეულთა გვერდით და მდიდართან ერთად თავის სიკვდილში, რადგან სიავე არ ჩაუდენია და მის ბაგეში სიცრუე არ ყოფილა. უფალმა ინება მისი ტანჯვა და სნება შეჰყარა. როცა გასწირავ მის სიცოცხლეს ცოდვის გამოსასყიდ მსხვერპლად, იხილავს იგი თავის ნაგრამს, გაუხანგრძლივდება დღეები, უფლის ნება მისი ხელით წარიმართება“* (ესაია 53:4-10).

მველი აღთქმის დროს, ყოველთვის, როდესაც

ადამიანი ცოდვას ჩაიდენდა, იგი ღმერთს ცხოველის სისხლს წირავდა. მაგრამ იესომ თავისი წმინდა სისხლი დაღვარა, რომელსაც არც თავდაპირველი ცოდვა და არც თვით-ჩადენილი ცოდვა არ ჰქონდა და „შესწირა ერთი მსხვერპლი ცოდვებისთვის," რათა ყველას მიეღო ცოდვების მიტევება და საუკუნო სიცოცხლე (ებრაელთა 10:11-12). ამგვარად, მან გაამზადა ცოდვების მიტევების და ხსნის გზა იესო ქრისტეს დახმარებით და ჩვენ აღარ გვჭირდება ცხოველთა სისხლის შეწირვა.

როდესაც იესომ ჯვარზე ბოლოჯერ ამოისუნთქა, ტაძრის ფარდა შუაზე ჩაიხა (მათე 27:51). ეს ტაძრის ფარდა იყო დიდი, რომელიც წმინდათა წმინდას წმინდა ადგილიდან ანცალკევებდა ტაძარში და წმინდა ადგილას ჩვეულებრივ ადამიანებს არ შეეძლოთ შესვლა. წელიწადში ერთხელ მხოლოდ მღვდელმთავარს შეეძლო წმინდათა წმინდა ადგილას შესვლა.

ის ფაქტი, რომ „ტაძრის ფარდა შუაზე ჩაიხა" სიმბოლურად გამოხატავს, რომ როდესაც მან საკუთარი თავი გასწირა, იესომ გაანადგურა ცოდვის კედელი, რომელიც ღმერთსა და ჩვენს შორის იდგა. ძველი აღთქმის დროში, მღვდელმთავრებს ღმერთისთვის უნდა შეეწირათ შესაწირი ისრაელის ხალხის ცოდვებისგან გამოსასყიდად და მათ მაგივრად უნდა ელოცათ. ახლა, როდესაც ღმერთსა და ჩვენს შორის ცოდვის კედელი განადგურდა, ჩვენ ჩვენ თვითონ

შეგვიძლია ღმერთთან კავშირი. სხვა სიტყვებით რომ ვთქვათ, ყველა ადამიანს, რომელსაც იესო ქრისტესი სწამს, შეუძლია ღმერთის წმინდა ტაძარში შესვლა და მისი დიდება და მასთან ლოცვა.

„ამიტომ მრავალში მივცემ მას წილს და ძლიერებთან ერთად გაინაწილებს ნადავლს, რადგან სასიკვდილოდ გაწირა თავი და ცოდვილთა შორის შეირაცხა; მრავალთა ცოდვები ჰქონდა გვირთად და ცოდვილებს ესარჩლებოდა" (ესაია 53:12).

ზუსტად როგორც წინასწარმეტყველმა ესაიამ დაწერა მესიას ჯვარცმის შესახებ, იესო ყოველი ადამიანის ცოდვისთვის მოკვდა ჯვარზე, მაგრამ დათვლილი იყო ცოდვილებით. მაშინაც კი, როდესაც იგი ჯვარზე იყო, მან სთხოვა ღმერთს მიეტევებინა იმ ადამიანებისთვის, რომლებმაც იგი ჯვარს აცვეს.

„მამაო, მიუტევე ამათ, რადგანაც არ იციან, რას სჩადიან" (ლუკა 23:34).

როდესაც იგი ჯვარზე მოკვდა, ფსალმუნის დამწერის წინასწარმეტყველება, „ის იცავს მის ძვლებს, არც ერთი მათგანი არ გადატყდება" (ფსალმუნნი 34:20) ასრულდა. ჩვენ ამ წინასწარმეტყველების შესრულებას იოანე 19:32-33-ში ვპოულობთ, „მაშინ

*მივიდნენ ჯარისკაცები და წვივები დაუმტვრიეს მასთან ერთად ჯვარცმულთ, ერთსაც და მეორესაც. ხოლო როცა იესოსთან მივიდნენ, ნახეს, რომ უკვე მომკვდარიყო, და აღარ დაუმტვრიეს წვივები.“*

## იესო ასრულებს თავის სამღვდელოებას და ხდება მესია

იესომ თავის თავზე აიღო ადამიანთა მოდგმის ცოდვები და მოკვდა მათთვის როგორც ცოდვის შესაწირი, მაგრამ იესოს სიკვდილით არ შესრულებულა ხსნის განგება.

როგორც ფსალმუნნი 16:10-შია ნაწინასწარმეტყველები, *„შენ არ დატოვებ ჩემს სულს სამარეში, არ დაუშვებ, რომ შენმა ერთგულმა საფლავი იხილოს,“* და ფსალმუნნი 118:17-ში, *„ვიცოცხლებ და არ მოვკვდები, რომ ვაუწყო იაჰის საქმეები,“* იესოს სხეული არ გაიხრწნა და იგი მესამე დღეს აღსდგა.

ასევე ნაწინასწარმეტყველებია ფსალმუნნი 68:18-ში, *„შენ ახვედი მაღლა, წაასხი ტყვეები, წაიყვანე ძღვენი ადამიანთა სახით, ჯიუტებიც კი, რომ დამკვიდრდე მათ შორის, იაჰ, ღმერთო,“* იესო ზეცაში ავიდა და ელოდება ბოლო დღეებს, როდესაც ჩვენ შევასრულებთ კაცობრიობის გაშენებას და ყველას ზეცისაკენ წარვუძღვებით.

ადვილად აღსანიშნავია, თუ როგორ შესრულდა ყველაფერი იესო ქრისტეს მიერ, რაც ღმერთმა

მესიას შესახებ იწინასწარმეტყველა თავისი წინასწარმეტყველების დახმარებით.

# იესოს სიკვდილი და წინასწარმეტყველებები ისრაელზე

ღმერთის რჩეულმა ისრაელმა ვერ აღიარა იესო მესიად. მაინც, ღმერთმა არ მიატოვა ხალხი, რომელიც არჩეული ჰყავდა და დღეს იგი ასრულებს თავის ისრაელის ხსნის განგებას.

მიუხედავად იესოს ჯვარცმისა, ღმერთმა იწინასწარმეტყველა ისრაელის მომავალი და ეს მისი მათდამი სიყვარულის გამო მოხდა და სურდა, რომ მათ ერწმუნათ მესია, რომელიც ღმერთმა გამოგზავნა და მიეღოთ ხსნა.

## ტანჯვა ისრაელისა, რომელმაც ჯვარს აცვა იესო

მიუხედავად იმისა, რომ რომაელმა მმართველმა პილატემ იესო ჯვარცმით დასაჯა, ებრაელები იყვნენ ისინი, რომლებმაც დაარწმუნეს პილატე ამ გადაწყვეტილების მიღებაში. პილატემ იცოდა, რომ არ არსებობდა იესოს მოკვლის საფუძველი, მაგრამ ბრბომ ზემოქმედება მოახდინა მასზე, იმდენად მოუწოდებდნენ იესოს ჯვარცმას, რომ აჯანყებაც კი

მოახდინეს.

განამტკიცა თავისი გადაწყვეტილება იესოს ჯვარცმისა და აიღო პილატემ წყალი და ხელები დაიბანა ბრბოს წინაშე და უთხრა მათ, *„მე უბრალო ვარ ამ მართლის სისხლში. თქვენ იკითხეთ“* (მათე 27:24). საპასუხოდ ებრაელებმა შეჰყვირეს, *„ჩვენზე იყოს და ჩვენს შვილებზე მაგისი სისხლი“* (მათე 27:25).

ჩვენი წელთაღრიცხვიდან 70 წელს, იერუსალიმი რომაელმა გენერალმა, ტიტუსმა დაიპყრო. ტაძარი განადგურდა და გადარჩენილებს აიძულებდნენ საკუთარი სამშობლოს დატოვებას და გაიფანტნენ მთელს მსოფლიოში. ამგვარად დიასპორა დაიწყო და თითქმის 2000 წელი გაგრძელდა. დიასპორის პერიოდში იმ ტანჯვის სიტყვებით აღწერა შეუძლებელია, რომელიც ისრაელის ხალხმა გადაიტანა.

როდესაც იერუსალიმი დაეცა, დაახლოებით 1,1 მილიონი ებრაელი იქნა მოკლული და მეორე მსოფლიო ომის დროს 6 მილიონამდე ებრაელი მოკლეს ნაცისტებმა. როდესაც ნაცისტებმა მოკლეს, ებრაელებს აშიშვლებდნენ და ეს არის იმ დროის მომგონებელი, როდესაც იესო შიშველი აცვეს ჯვარს.

რა თქმა უნდა, ისრაელის თვალსაზრისით, მათ შეუძლიათ დაასაბუთონ, რომ მათი ტანჯვა არ იყო იესოს ჯვარცმის შედეგი. თუმცა, ისრაელის ისტორიაზე გადახედვით, ადვილად შეიძლება იქნას აღნიშნული, რომ ისრაელი და მისი ხალხი ღმერთი

მიერ იყვნენ დაცულნი და წარმატებას აღწევდნენ, როდესაც ღმერთის ნების თანახმად ცხოვრობდნენ. როდესაც ღმერთის ნებას ჩამოშორდებოდნენ, ისრაელიტები ისჯებოდნენ და განსაცდელსა და ტანჯვაში ვარდებოდნენ.

ამგვარად, ჩვენ ვიცით, რომ ისრაელის ტანჯვა არ ყოფილა მიზეზგარეშე. თუ კი იესოს ჯვარცმა შესაფერისი იქნებოდა ღმერთის თვალში, მაშინ რატომ დატოვებდა ღმერთი ისრაელს განუწყვეტელ დარდში დიდი ხნის განმავლობაში?

## იესოს ტანისამოსი და მუნდირი და ისრაელის მომავალი

კიდევ ერთი შემთხვევა, რომელმაც იწინასწარმეტყველა ისრაელის შემთხვევა, მოხდა იესოს ჯვარცმის ადგილას. როგორც ფსალმუნნი 22:18-ში ვკითხულობთ, *„ჩემს ტანსაცმელს ინაწილებენ, და ჩემს სამოსელზე წილს ყრიან,“* რომაელმა ჯარისკაცებმა აიღეს იესოს ტანსაცმელი და ოთხად გაჰყვეს, თითო შეხვდა ყოველ ჯარისკაცს, და მის სამოსელზე კი წილი ყარეს და ერთ-ერთმა ჯარისკაცმა წაიღო.

როგორ არის ეს მოვლენა დაკავშირებული ისრაელის მომავალთან? როგორც იესო ებრაელთა მეფეა, იესოს ტანისამოსი სულიერად სიმბოლურად გამოხატავს ღმერთის რჩეულს, ისრაელის სახელმწიფოს და

მის ხალხს. როდესაც იესოს ტანისამოსი ოთხ ნაწილად დაყვეს და მისი ფორმა დაიკარგა, ამან იწინასწარმეტყველა ისრაელის სახელმწიფოს განადგურება. თუმცა, რადგან ტანისამოსის ქსოვილი შემორჩა, ეს შემთხვევა ასევე წინასწარმეტყველებს, რომ მაშინაც კი, თუ ისრაელის სახელმწიფო გაქრება, სახელი „ისრაელი" მაინც დარჩება.

რა არის იმ ფაქტის მნიშვნელობა, რომ რომაელმა ჯარისკაცებმა აიღეს იესოს ტანისამოსი და ოთხ ნაწილად დაყვეს თითო ჯარისკაცისათვის? ეს ნიშნავს იმას, რომ ისრაელის ხალხს რომი გაანადგურებდა და გაიფანტებოდნენ. ეს წინასწარმეტყველება ასევე შესრულდა იერუსალიმის დაცემით და ისრაელის სახელმწიფოს განადგურებით, რომელმაც ებრაელები მთელს მსოფლიოში გაფანტა.

იესოს სამოსელზე, იოანე 19:23-ში წერია, *„ხოლო კვართი ნაკერი კი არ იყო, არამედ თავიდან ბოლომდე ნაქსოვი."* ის ფაქტი, რომ მისი მუნდირი „უნაკერო" იყო, ნიშნავს იმას, რომ იგი თავიდან ბოლომდე ნაქსოვი იყო.

ხალხის უმრავლესობა არ აქცევს ყურადღებას თუ როგორი შეკერილია მათი ტანისამოსები. მაშინ, რატომ წერია ბიბლიაში დეტალურად იესოს მუნდირის სტრუქტურა? ამაში არის მოვლენების წინასწარმეტყველება, რომელიც მოხდება ისრაელის

ხალხისათვის.

იესოს მუნდირი სიმბოლურად გამოხატავს ისრაელის ხალხის გულს, რომლითაც ისინი ღმერთს ემსახურებიან. ის ფაქტი, რომ მუნდირი „ნაქსოვი იყო თავიდან ბოლომდე“ ნიშნავს იმას, რომ ისრაელის გული ღმერთის წინაშე შემორჩენილია მათი წინაპრისგან, იაკობისგან და არ მერყეობს.

თორმეტმა ტომმა, აბრაამის, ისააკის და იაკობის დროიდან, მათ ჩამოაყალიბეს სახელმწიფო და ისრაელის ხალხმა შეინარჩუნა თავიანთი სიწმინდე როგორც ერი წარმართებთან ნათესაობის გარეშე. ისრაელის ჩრდილოეთ სამეფოდ და იუდას სამხრეთ სამეფოდ დაყოფის შემდეგ, ჩრდილოეთის სამეფოს მცხოვრები ხალხი დანათესავდნენ, მაგრამ იუდა ერთგვარ ერად დარჩა. დღესაც კი, ებრაელები ინარჩუნებენ თავიანთ იდენტურობას, რომელიც თარიღდება რწმენის მამების დროიდან.

ამგვარად, მიუხედავად იმისა, რომ იესოს ტანისამოსი ოთხ ნაწილად დახიეს, მისი მუნდირი დაუზიანებელი დარჩა. ეს ნიშნავს იმას, რომ როდესაც ისრაელის სახელმწიფო შეიძლება გაქრეს, ისრაელის ხალხის გული ღმერთის მიმართ და მათი რწმენა არ განადგურდება.

რადგან მათ ასეთი შეუდრეკელი გული აქვთ, ღმერთმა აირჩია ისინი და მათი დახმარებით, იგი დღემდე ასრულებს თავის გეგმას და ნებას.

ათასწლეულის გასვლის შემდეგაც კი, ისრაელის ხალხი მკაცრად იცავს რჯულს. ეს იმიტომ, რომ მათ მემკვიდრეობით მიიღეს იაკობის უცვლელი გული.

შედეგად, თითქმის 1900 წლის შემდეგ, მათ დაკარგეს თავიანთი ქვეყანა, ისრაელის ხალხმა მთელი მსოფლიო შოკში ჩააგდო, როდესაც დამოუკიდებლობა გამოაცხადეს და აღადგინეს თავიანთი სახელმწიფოებრიობა 1948 წლის 14 მაისს.

> *„გამოგიყვანთ ხალხებიდან, გამოგკრებთ ყველა ქვეყნიდან და მოგიყვანთ თქვენს მიწაზე“* (ეზეკიელი 36:24).

> *„იცხოვრებთ იმ ქვეყანაში, რომელიც თქვენს მამა-პაპას მივეცი; იქნებით ჩემთვის საკუთარ ერად და მე თქვენი საკუთარი ღმერთი ვიქნები“* (ეზეკიელი 36:28).

როგორც უკვე ნაწინასწარმეტყველებია ძველ აღთქმაში, *„მრავალი დღის შემდეგ დაგიდგება ჟამი და უკანასკნელ წლებში,“* ისრაელის ხალხმა დაიწყო ერთად შეკრება პალესტინაში და კიდევ ერთხელ ჩამოაყალიბეს სახელმწიფო (ეზეკიელი 38:8). გარდა ამისა, მსოფლიოს ერთ-ერთ ძლიერ ქვეყნად განვითარებით, ისრაელმა კიდევ ერთხელ დაუმტკიცა მთელს მსოფლიოს თავისი ზემდგომი თვისება როგორც ერი.

## ღმერთს სურს, რომ ისრაელი მოემზადოს იესოს დაბრუნებისათვის

ღმერთს სურს, რომ ახლად აღდგენილი ისრაელი მოემზადოს მესიას დაბრუნებისათვის. იესო მოვიდა ისრაელის მიწაზე დაახლოებით 2000 წლის წინათ, სრულყოფილად შეასრულა ადამიანთა მოდგმის ხსნის განგება და გახდა მხსნელი და მესია მათთვის. როდესაც ზეცაში ავიდა, იგი დაპირდა რომ დაბრუნდებოდა და ახლა ღმერთს სურს, რომ მისი რჩეული დაელოდოს მესიას დაბრუნებას ჭეშმარიტი რწმენით.

როდესაც მესია იესო ქრისტე კიდევ ერთხელ მოვა, იგი არ მოვა ღარიბულ თავლაში ან არ დაიტანჯება ჯვარცმის სასჯელით, როგორც ეს 2000 წლის წინათ მოხდა. სამაგიეროდ, იგი გამოჩნდება ზეციურ ანგელოზებთან ერთად და დაბრუნდება ამ სამყაროში როგორც მეფეთა მეფე და უფალთა უფალი ღმერთის დიდებაში, რათა მთელმა მსოფლიომ დაინახოს.

*„აჰა, მოდის ღრუბლებით და იხილავს ყოველი თვალი; იხილავენ ისინიც, რომელთაც განგმირეს იგი. და დაიწყებს გოდებას მის წინაშე დედამიწის ყოველი ტომი. ჰო, ამინ“* (აპოკალიფსი 1:7).

როდესაც წინასწარ დანიშნული დრო მოვა, ყოველი ადამიანი, მორწმუნე და ურწმუნო, დაინახავს უფლის დაბრუნებას ჰაერში. ამ დღეს, ის

ადამიანები, რომლებსაც სწამთ, რომ იესო ქრისტე ადამიანთა მოდგმის მხსნელია, ღრუბლებში ავლენ და მონაწილეობას მიიღებენ საქორწინო ზეიმში, მაგრამ სხვები დარჩებიან ტირილში.

როგორც ღმერთმა შექმნა პირველი ადამიანი ადამი და დაიწყო ადამიანთა მოდგმის დამუშავება, რა თქმა უნდა ამის დასასრულიც იქნება. ზუსტად როგორც ფერმერი თესავს თესლებს და იღებს მოსავალს, ასევე იქნება მოსავლის აღების დრო ადამიანთა მოდგმის დამუშავებისა. ღმერთის ადამიანთა მოდგმის დამუშავება დასრულდება მესია იესო ქრისტეს მეორედ მოსვლით.

იესო გვეუბნება აპოკალიფსი 22:7-ში, *„აჰა, მოვალ მალე. ნეტარია, ვინც ინახავს ამ წიგნის წინასწარმეტყველების სიტყვებს.“* ჩვენი დრო არის ბოლო დღეები. მისი ისრაელისადმი განუზომელ სიყვარულში, ღმერთი აგრძელებს ადამიანთა განათლებას მათი ისტორიით, რათა მესია მიიღონ. ღმერთს დარწმუნებით სურს, რომ არა მარტო მისმა რჩეულმა ისრაელმა, არამედ მთელმა ადამიანთა მოდგმამ მიიღოს იესო ქრისტეს ადამიანთა მოდგმის დამუშავების დასრულებამდე.

ებრაული ბიბლია, რომელიც ცნობილია როგორც ძველი აღთქმა

## თავი 3

# ღმერთი, რომლისაც ისრაელს სწამს

## რჯული და ტრადიციები

როდესაც ღმერთს თავისი რჩეული ხალხი, ისრაელი, ეგვიპტიდან გაყავდა და კანაანის მიწაზე მიჰყავდა, იგი ჩამოვიდა სინას მთის წვერზე. შემდეგ უფალმა ღმერთმა დაუძახა მოსეს, გამოსვლის წინამძღოლს, და უთხრა მას, რომ მღვდლებმა უნდა აკურთხონ თავიანთი თავები, როდესაც ღმერთს მიუახლოვდებიან. გარდა ამისა, ღმერთმა მოსეს დახმარებით ხალხს მისცა ათი მცნება და სხვა მრავალი კანონი.

როდესაც მოსემ ოფიციალურად მოუყვა ხალხს ღმერთის სიტყვები და მცნებები, მათ ერთხმად უპასუხეს და თქვეს, "ყველაფერს შევასრულებთ, რაც უბრძანებია უფალს" (გამოსვლა 24:3). მაგრამ როდესაც მოსე სინას მთაზე იყო, აარონის ხალხმა შექმნა ხბოს ქანდაკება და ჩაიდინეს კერპთაყვანისმცემლობის ცოდვა.

მაშინ როგორ შეიძლებოდა ისინი ღმერთი არჩეული ხალხი ყოფილიყვნენ და ასეთი დიდი ცოდვა ჩაედინათ? ადამის შემდეგ, ყოველი ადამიანი ადამის

შთამომავალია და ცოდვილი ბუნებით იბადება. ისინი ცოდვაში არიან სანამ არ იკურთხებიან გულის წინდაცვეთით. ამიტომ გამოგზავნა ღმერთმა თავისი ერთადერთი ძე იესო და იესოს ჯვარცმით მან გააღო კარიბჭე, რომლითაც ადამიანთა მოდგმას მიეტევებოდა ყოველი ცოდვა.

მაშინ რატომ მისცა ღმერთმა ხალხს რჯული? ათი მცნება, რომელიც ღმერთმა მოსეს მისცა, ბრძანებულება და დეკრეტი ცნობილია როგორც რჯული.

## რჯულით ღმერთი უძღვება მათ მიწისაკენ, რომელიც სავსეა რძითა და თაფლით

მნიშვნელობა და მიზეზი იმისა, რომ ღმერთმა ისრაელის ხალხს რჯული მისცა ეგვიპტიდან, იყო ის, რომ მათ ესიამოვნათ კურთხევით, რომლითაც ისინი კანაანის მიწაზე შევიდოდნენ, მიწაზე, რომელიც სავსე იყო რძითა და თაფლით. ხალხმა რჯული პირდაპირ მოსესგან მიიღო, მაგრამ მათ არ დაიცვეს ღმერთის ბრძანებულება და ჩაიდინეს მრავალი კერპთაყვანისმცემლობის და ღალატის ცოდვა. ბოლოს და ბოლოს მრავალი მათგანი ცოდვებში მოკვდა უდაბნოში 40 წლიანი ცხოვრების განმავლობაში.

რჯულის წიგნი დაწერილია მოსეს ბოლო სიტყვების მიხედვით და მოგვითხრობს ღმერთის

ბრძანებულებათა და კანონთა შესახებ. როდესაც გამოსვლის პირველი თაობა, ისუ და ქალები მოკვდნენ და მისი ისრაელის ხალხის დატოვების დრო მოვიდა, მოსე მგზნებარედ მოუწოდებდა გამოსვლის მეორე და მესამე თაობას, რომ ჰყვარებოდათ ღმერთი და დამორჩილებოდნენ მის ბრძანებებს.

> *აბა, ისრაელ, რას მოითხოვს შენგან უფალი, შენი ღმერთი? თუ არა იმას, რომ გეშინოდეს უფლისა, შენი ღმერთისა, იარო მის კვალზე, გიყვარდეს იგი, ემსახურო უფალს, შენს ღმერთს, მთელი შენი გულითა და სულით. დაიცვა უფლის მცნებები და წესები, რომელთაც გამცნებ დღეს შენს სასიკეთოდ"* (რჯული 10:12-13).

ღმერთმა მათ რჯული იმიტომ მისცა, რომ მას სურდა ისინი ნებაყოფლობით დამორჩილებოდნენ გულის სიღრმიდან და მორჩილებით დაედასტურებინათ თავიანთი ღმერთისადმი სიყვარული. ღმერთმა მათ რჯული იმიტომ არ მისცა, რომ შეეზღუდა ისინი, მას სურდა მათი მორჩილების გულების მიღება და კურთხევა.

> *"გულში გქონდეს ეს სიტყვები, რომლებიც დღეს გამოგიცხადე. ჩააგონებდე შენს შვილებს და უთხრობდე სახლში ჯდომისას, გზაზე სიარულისას, დაწოლისას და ადგომისას. შეიბი*

*ნიშნად ხელზე და ტვიფრად შუბლზე. წააწერე შენი სახლის წირთხლებს და კარებს"* (რჯული 6:6-9).

ამ სტროფებით, ღმერთმა უთხრა მათ, თუ როგორ შეენახათ რჯული საკუთარ გულებში, და როგორ ესწავლებინათ და განეხორციელებინათ. წლების განმავლობაში, ღმერთის ბრძანებები როგორც მოსეს ხუთ წიგნში წერია, ჯერ კიდევ უკვდავყოფილია და შენარჩუნებული, მაგრამ რჯულის დაცვა გარეგნულად არის გამოხატული.

## უხუცესთა რჯული და ტრადიციები

მაგალითად, რჯული ბრძანებდა, რომ შაბათი დღე წმინდად შეენახათ და უხუცესებმა მოაწესრიგეს ტრადიციების მრავალი დეტალი, რომლებიც განვითარდებოდა მცნებების დაცვაში, როგორიც იყო ავტომატური კარების, ლიფტების და ესკალატორების გამოყენების აკრძალვა. როგორ დაიწყო უხუცესთა ტრადიციები?

როდესაც ღმერთის ტაძარი განადგურდა და ისრაელის ხალხი ბაბილონურ ტყვეობაში წაიყვანეს, მათ იფიქრეს, რომ ეს იმიტომ იყო, რომ მთელი გულით არ ემსახურებოდნენ ღმერთს. მათ ღმერთისთვის უფრო სწორად უნდა ემსახურათ და კანონი იმ სიტუაციებს

უნდა შეხებოდა, რომლებიც დროთა განმავლობაში შეიცვლებოდა, ამიტომ მათ მრავალი მკაცრი წესები გააკეთეს.

ეს წესები დაარსდა ღმერთისთვის გულწრფელად მსახურების მიზნით. სხვა სიტყვებით რომ ვთქვათ, მათ მრავალი მკაცრი წესი შექმნეს, რომელიც ცხოვრების ყოველ ასპექტს დაწვრილებით აღნიშნავდა, რათა რჯული ყოველდღიურ ცხოვრებაში დაეცვათ.

ზოგჯერ მკაცრი წესები რჯულის დაცვის როლს თამაშობდა. მაგრამ, დროთა განმავლობაში, მათ გამორჩათ რჯულის ჭეშმარიტი მნიშვნელობა და დიდ მნიშვნელობას ანიჭებდნენ რჯულის დაცვის გარე გამოხატვას. ამ გზით, ისინი ჩამოშორდნენ რჯულის ჭეშმარიტ მნიშვნელობას.

ღმერთი ხედავს და იღებს თითოეული ადამიანის გულს მათი რჯულის დაცვით და არა რჯულის გარე გამოხატვის ჩვენებით. ამიტომ, მან შექმნა რჯული, რათა მოეძებნა ის ადამიანები, რომლებიც ჭეშმარიტად პატივს სცემდნენ მას და მიეცა მათთვის კურთხევა. მიუხედავად იმისა, რომ ძველი აღთქმის დროს თითქოს მრავალი ადამიანი იცავდა რჯულს, ამავე დროს, იყო მრავალი ადამიანი, რომლებიც რჯულს არღვევდნენ.

*„რომელმა თქვენგანმა დახშა კარი, რომ ფუჭად არ ანთებდეთ ცეცხლს ჩემს სამსხვერპლოზე! არ მეთნევით, ამბობს ცაბაოთ უფალი, და არ მეამება თქვენი ხელით მორთმეული ძღვენი“* (მალაქია 1:10).

როდესაც რჯულის მასწავლებლებმა და უხუცესებმა ცილი დასწამეს იესოს და განკიცხეს მისი მოწაფეები, ეს იმიტომ არ ყოფილა, რომ იესო და მისი მოწაფეები არ ემორჩილებოდნენ რჯულს, არამედ იმიტომ, რომ მათ დაარღვიეს უხუცესთა ტრადიციები. ეს კარგად არის აღწერილი მათეს სახარებაში.

*„რატომ არღვევენ შენი მოწაფეები უხუცესთა ჩვეულებას? ვინაიდან ხელს არ იბანენ პურის ჭამისას“* (მათე 15:2).

ამ დროს, იესომ გაანათლა ისინი იმ ფაქტით, რომ ღმერთის მცნებები კი არ დარღვეულა, არამედ უხუცესთა ტრადიციები დაირღვა. რა თქმა უნდა, მნიშვნელოვანია, რომ რჯული ქმედებებში დაიცვა, მაგრამ კიდევ უფრო მნიშვნელოვანი ის არის, რომ გააცნობიერო ღმერთის ჭეშმარიტი ნება, რომელიც რჯულშია.

და იესომ მიუგო მათ,

*კი მაგრამ, თქვენ რატომღა არღვევთ ღმერთის მცნებას თქვენი ჩვეულებით? ვინაიდან ღმერთმა ბრძანა: პატივი ეცი მამას შენსას და დედას; და კიდევ: ვინც მამისა თუ დედის ძვირს იტყვის, სიკვდილით მოკვდეს. ხოლო თქვენ ამბობთ: ყველა, ვინც ეტყვის თავის მამას ან დედას: ღმერთს ვწირავ იმას, რითაც შემეძლო შენ შეგწეოდი, – პატივს არა სცემს არც მამას და არც დედას; და ამრიგად, თქვენი ჩვეულებით არღვევთ ღმრთის მცნებას* (მათე 15:3-6).

მომდევნო სტროფებში, იესო ასევე ამბობს,

*„თვალთმაქცნო, მართლად იწინასწარმეტყველა თქვენთვის ესაიამ, რომელმაც თქვა: ეს ხალხი მადიდებს თავისი ბაგით, მაგრამ მისი გული შორსაა ჩემგან. ამაოდ მადიდებენ, რადგან ასწავლიან ადამიანურ მოძღვრებებსა და მცნებებს“* (მათე 15:7-9).

იესომ ბრბოს უთხრა,

*„ისმინეთ და შეიმეცნეთ: პირით შემავალი კი არ შებილწავს კაცს, არამედ პირიდან გამომავალია ის, რაც ბილწავს კაცს“* (მათე 15:10-11).

ღმერთის შვილებმა უნდა პატივი სცენ თავიანთ

მშობლებს, როგორც ეს ათ მცნებაში წერია. მაგრამ ფარისევლები ხალხს ასწავლიდნენ, რომ შვილები, რომლებიც ემსახურებიან და პატივს სცემენ მშობლებს საკუთარი ქონებით, განთავისუფლდებიან თავიანთი მოვალეობისგან, თუ კი ისინი თავიანთ ქონებას ღმერთს შესწირავდნენ. მათ იმდენი დეტალური წესი შექმნეს, რომ წარმართებს ვერც კი გაებედათ უხუცესთა ამ ტრადიციების მკაცრა შენახვა, ისინი ფიქრობდნენ, რომ კარგად ცხოვრობდნენ, როგორც ღმერთის რჩეულნი.

## ღმერთი, რომლისაც ისრაელს სწამს

როდესაც იესომ ავადმყოფი განკურნა შაბათ დღეს, ფარისევლებმა გაკიცხეს იესო შაბათი დღის წესის დარღვევისათვის. ერთ დღეს იესო შევიდა სინაგოგაში და უყურებდა კაცს, რომელიც ფარისევლების წინ იდგა. იესოს სურდა მათი გამოფხიზლება და კითხვა დაუსვა მათ:

*„კეთილისა თუ ბოროტისა? სულის ცხონება თუ წარწყმედა?"* (მარკოზი 3:4)

*„რომელიმე თქვენგანს ერთი ცხვარი რომ ჰყავდეს და შაბათ დღეს ორმოში ჩაუვარდეს, ნუთუ ხელს არ ჩასჭიდებს და არ ამოიყვანს მას? ხოლო კაცი რამდენად უმჯობესია ცხვარზე?*

*ამიტომაც შეიძლება შაბათ დღეს სიკეთის ქმნა“* (მათე 12:11-12).

რადგან ფარისევლები უხუცესთა მიერ შექმნილი ტრადიციებით ცხოვრობდნენ, მათ არა მარტო ვერ გააცნობიერეს ღმერთის ჭეშმარიტი ნება რჯულისა, არამედ ვერც იესო ცნეს, რომელიც მხსნელად მოვიდა დედამიწაზე.

იესო ხშირად უბიძგებდა ხოლმე მათ, რომ მოენანიებინათ და შემობრუნებულიყვნენ არასწორი გზიდან. მან მათ იმიტომ უსაყვედურა, რომ მათ უგულვებელყვეს ღმერთის რჯულისადმი ჭეშმარიტი მიზანი, რომელიც მან მათ მისცა.

*„ვაი თქვენდა, მწიგნობარნო და ფარისეველნო, თვალთმაქცნო, რომლებიც იხდით მეათედს პიტნისას, კამისას, კვლიავისას, და დაგიტევებიათ ის, რაც უმთავრესია რჯულში: სამართალი, წყალობა და რწმენა. ეს უნდა გექნათ, და არც ის მიგეტოვებინათ“* (მათე 23:23).

*„ვაი თქვენდა, მწიგნობარნო და ფარისეველნო, თვალთმაქცნო, გარედან რომ წმენდთ სასმისსა თუ ჯამს, შიგნით კი სავსენი არიან ნაძარცვითა და ნაოხარით“* (მათე 23:25).

ისრაელის ხალხმა, რომლებიც რომის იმპერიის კონტროლის ქვეშ იყვნენ, გონებაში წარმოიდგინეს, რომ მესია მათთვის მოვიდოდა დიდი ძალაუფლებითა და პატივით და გაათავისუფლებდა მათ მჩაგვრელებისგან და წარუძღვებოდა მთელს მსოფლიოს.

ამასობაში, კაცი დაიბადა ხუროს შვილად; მას ურთიერთობა ჰქონდა მიტოვებულებთან, ავადმყოფებთან და ცოდვილებთან; იგი ღმერთს „მამას" ეძახდა და ამტკიცებდა, რომ სამყაროს სინათლე იყო. როდესაც მან უსაყვედურა მათ ცოდვების გამო, ის ადამიანები, რომლებიც საკუთარი სტანდარტებით იცავდნენ რჯულს და აცხადებდნენ რომ სამართლიანები იყვნენ, გაბრაზდნენ და მიზეზის გარეშე ჯვარს აცვეს იგი.

ღმერთს სურს, რომ გვქონდეს სიყვარული და შენდობა

ფარისევლები მკაცრად იცავდნენ იუდაიზმის წესებს და მრავალწლიან ტრადიციებს და წესებს ძვირფასად თვლიდნენ საკუთარ ცხოვრებაში. ისინი გადასახადების ამკრეფებს, რომლებიც რომის იმპერიისთვის მუშაობდნენ, ცოდვილებად თვლიდნენ და თავს არიდებდნენ მათ.

მათე 9:10-ში წერია, რომ იესო მაგიდას ეყრდნობოდა

გადასახადების ამკრეფის სახლში, რომელსაც მათე ერქვა და მრავალი გადასახადების ამკრეფი და ცოდვილები სადილობდნენ იესოსთან და მის მოწაფეებთან ერთად. როდესაც ფარისევლებმა ეს დაინახეს, მათ ჰკითხეს მოწაფეებს, „რატომ ჭამს თქვენი მოძღვარი გადასახადების ამკრეფებთან და ცოდვილებთან?“ როდესაც იესომ გაიგონა, რომ ისინი მის მოწაფეებს საყვედურობდნენ, მან აუხსნა მათ ღმერთის გულის შესახებ. ღმერთი თავის უცვლელ სიყვარულს და წყალობას იმ ადამიანს აძლევს, რომელიც მოინანიებს თავის ცოდვებს გულის სიღრმიდან.

მათე 9:12-13-ში წერია, *„ხოლო იესომ გაიგონა ეს და უთხრა მათ: კარგად მყოფთ კი არ სჭირდებათ მკურნალი, არამედ ავადმყოფთ. თქვენ კი წადით და ისწავლეთ, რას ნიშნავს ეს: წყალობა მნებავს და არა მსხვერპლი; ვინაიდან მართალთა სახმობლად კი არ მოვსულვარ, არამედ ცოდვილთა სინანულად.“*

როდესაც ნინევიას ხალხის უზნეობამ ზეცას მიაღწია, ღმერთი ნინევიას ქალაქის განადგურებას აპირებდა. მაგრამ ამის გაკეთებამდე, მან გაგზავნა წინასწარმეტყველი, იონა, და მისცა უფლება მათ ცოდვების მონანიებისა. ხალხი მარხულობდა და საფუძვლიანად მოინანიეს ცოდვები და ღმერთმა გადაიფიქრა მათი განადგურება. თუმცა, ფარისევლები

იყვნენ ისინი, რომლებიც ფიქრობდნენ, რომ ვინც რჯულს დაარღვევდა, მათ განსჯის გარდა სხვა არჩევანი არ არსებობდა. რჯულის ყველაზე მნიშვნელოვანი ნაწილი არის უცვლელი სიყვარული და მიტევება, მაგრამ ფარისევლები ფიქრობდნენ, რომ ვინმეს განკიცხვა უფრო სამართლიანია, ვიდრე სიყვარულით შენდობა.

ანალოგიურად, როდესაც ჩვენ ვერ ვიგებთ ღმერთის გულს, რომელმაც რჯული მოგვცა, ჩვენ ყველაფერს საკუთარი აზრებითა და თეორიები ვკიცხავთ და ეს განსჯა არის არასწორი და ღმერთის წინააღმდეგი.

# ღმერთის ჭეშმარიტი მიზანი რჯულის გაცემისა

ღმერთმა შექმნა ზეცები და დედამიწა და ყველაფერი მასში და იმ მიზნით შექმნა ადამიანი, რომ ჭეშმარიტი შვილები შეეძინა, რომლებიც დაემსგავსებოდნენ მის გულს. ამ მიზნით, ღმერთმა უთხრა თავის ხალხს, *„იყავით წმიდები, როგორც მე ვარ წმიდა"* (ლევიანნი 11:45). მას მიაჩნია, რომ ჩვენ უნდა გვეშინოდეს მისი, როდესაც ღვთისმოსავები არ ვართ.

იესოს დროს ფარისევლებს უფრო დიდი ინტერესი ჰქონდათ მსხვერპლად შეწირვისა და რჯულის ქმედებებით დაცვაში. ღმერთს უფრო სიამოვნებს მომნანიებელი გული ვიდრე მსხვერპლშემწირავი გული (ფსალმუნნი 51:16-17), ამიტომ მან მოგვცა რჯული, რათა მოვინანიოთ ჩვენი ცოდვები.

## ღმერთის ჭეშმარიტი ნება, რომელიც ძველ აღთქმაშია

ეს იმას არ ამბობს, რომ ისრაელის ხახლის რჯულის დაცვის ქმედებები არ მოიცავდა მათ ღმერთისადმი სიყვარულს. მაგრამ ერთი რამ, რაც ღმერთს სურდა

რომ მათ გაეკეთებინათ, არის გულის კურთხევა და მან სერიოზულად გამოუცხადა მათ საყვედური წინასწარმეტყველი ესაიას საშუალებით.

*„რას ვაქნევ თქვენს უზომო საკლავებს, ამბობს უფალი. გამძღარი ვარ თქვენი აღსავლენი ვერძებით და კურატების ქონით. აღარ მსურს მოზვრების, კრავებისა და ვაცების სისხლი! რომ მოდიხართ და პირისპირ მეცხადებით, ვინ დაგავალათ ჩემი ეზოების თელვა? ნუღა მომიტანთ მაგ ფუჭ შესაწირავს, საძაგელია ჩემთვის საკმეველი, ახალმთვარობები და შაბათები ჯარობები ვეღარ ამიტანია! უკეთურება და დღესასწაული?“* (ესაია 1:11-13).

რჯულის დაცვის ჭეშმარიტი მნიშვნელობა არ გამოიხატება გარე მოქმედებაში, არამედ შიდა გულის მზადყოფნაში. ამიტომ, ღმერთს არ სიამოვნებდა გამრავლებული მსხვერპლ შეწირვები, რომლებსაც წირავდნენ მხოლოდ ჩვეულებრივი და ზედაპირული ქმედებით წმინდა სასამართლოებში შესვლით. არ აქვს მნიშვნელობა რამდენ მსხვერპლს შეწირავდნენ რჯულის თანახმად, ღმერთს არ სიამოვნებდა ეს, რადგან მათი გულები არ იყო მისი ნების თანახმად.

იგივეა ჩვენს ლოცვებზეც. ჩვენს ლოცვებში, მხოლოდ ლოცვის ქმედება არ არის მნიშვნელოვანი, არამედ ჩვენი გულების დამოკიდებულება უფრო

მნიშვნელოვანია. ფსალმუნის დამწერი ამბობს ფსალმუნნი 66:18-ში, „*თუ რამე სიავე მიდევს გულში, არ მომისმენს იეჰოვა.*"

ღმერთმა ხალხს შეატყობინა იესოს დახმარებით, რომ მას არ სიამოვნებს ის ლოცვები, რომლებიც ფარისევლურია, მას მხოლოდ გულწრფელი ლოცვები სიამოვნებს.

„*ხოლო როდესაც ლოცულობთ, ნუ ემსგავსებით თვალთმაქცთ, რომელთაც უყვართ სინაგოგებსა თუ ქუჩის კუთხეში დგომა და ლოცვა, რათა თავი მოაჩვენონ ხალხს. ჭეშმარიტად გეუბნებით თქვენ: უკვე მიიღეს თავიანთი საზღაური. შენ კი, როდესაც ლოცულობ, შედი შენს სენაკში, მოიხურე კარი და ილოცე შენი ფარული მამის მიმართ. და მამა შენი, რომელიც ხედავს დაფარულს, მოგაგებს შენ ცხადად*" (მათე 6:5-6).

იგივე ხდება როდესაც ცოდვებს ვინანიებთ. როდესაც ცოდვებს ვინანიებთ, ღმერთს სურს რომ ჩვენ არ დავხიოთ ტანისამოსი და არ ვიტიროთ, არამედ გულით მოვინანიოთ ჩვენი ცოდვები. თვით მონანიების ქმედება არ არის მნიშვნელოვანი და როდესაც ცოდვებს გულით ვინანიებთ, ღმერთი იღებს ამ სინანულს.

„*ახლაც ამბობს უფალი: მოიქეცით ჩემკენ*

*მთელი გულით, მარხვით და მოთქმა-გოდებით. გულები დაიგლიჯეთ და არა სამოსელი, დაუბრუნდით უფალს, თქვენს ღმერთს; მოწყალე და შემბრალებელია იგი, სულგრძელი და მრავალმადლიანი, და ნანობს ბოროტის ქმნას“* (იოველი 2:12-13).

სხვა სიტყვებით რომ ვთქვათ, ღმერთს სურს, რომ მიიღოს რჯულის შემსრულებლის გული. ეს ბიბლიაში აღწერილია როგორც „გულის წინდაცვეთა“. ჩვენ შეგვიძლია წინდავცვეთოთ ჩვენი სხეულები კანის მოჭრით, როდესაც ჩვენ შევძლებთ გულის კანში წინდაცვეთას გულის მოჭრით.

## წინდაცვეთა გულისა, რომელიც ღმერთს სურს

დეტალურად რას გულისხმობს გულის წინდაცვეთა? ეს გულისხმობს „ყოველი ბოროტების და ცოდვის განდევნას შურის, ეჭვიანობით, ცხელი ტემპერამენტის, ბოროტი გრძნობებს, სიცრუის, ეშმაკობის და განსჯის ჩათვლით.“ როდესაც გულიდან ბოროტებას განდევნი და დაიცავ რჯულს, ღმერთი ამას სრულყოფილ მორჩილებად მიიღებს.

*„წინდაიცვითეთ უფლისათვის და მოიშორეთ გულის ჩუჩა, იუდას ხალხო და იერუსალიმის*

*მკვიდრნო, რათა ცეცხლივით არ აინთოს ჩემი რისხვა თქვენი ბოროტმოქმედების გამო და ისე არ აბრიალდეს, რომ ვერავინ ჩააქროს"* (იერემია 4:4).

*„დაიცვითეთ თქვენი გულის ჩუჩა და ნუღარ იქნებით ქედმაღლები"* (რჯული 10:16).

*„ეგვიპტეს, იუდას, ედომს, ამონის ძეებს, მოაბსა და უდაბნოს ყველა მცხოვრებს, ვისაც საფეთქელთან თმა აქვს შეკრეჭილი, რადგან ყველა ერი წინადაუცვეთელია და ისრაელის სახლიც წინადაუცვეთელია გულით"* (იერემია 9:26).

*„წინდაცვეთს უფალი, შენი ღმერთი, შენს გულს და შენი შთამომავლობის გულს, რომ გიყვარდეს უფალი, შენი ღმერთი, მთელი შენი გულითა და სულით, რათა ცოცხალი დარჩე"* (რჯული 30:6).

ამგვარად, ძველი აღთქმა ხშირად მოგვიწოდებს ჩვენი გულების წინდაცვეთვისაკენ, რადგან მხოლოდ იმ ადამიანებს, რომლებსაც წინდაცვეთილი გულები აქვთ, შეუძლიათ ღმერთის სიყვარული მთელი გულითა და სულით.

ღმერთს სურს, რომ თავისი შვილები წმინდა და სრულყოფილები იყვნენ. დაბადება 17:1-ში, ღმერთმა

უთხრა აბრაამს რომ ყოფილიყო „წუნდაუდებელი“ და ლევიანნი 19:2-ში მან უბრძანა ისრაელის ხალხს, რომ „წმინდები“ ყოფილიყვნენ.

იოანე 10 35-ში წერია, *„ხოლო თუ ღმერთები უწოდა მათ, ვის მიმართაც იყო ღმრთის სიტყვა (წერილი კი ურღვევია),“* და 2 პეტრე 1:4-ში კი წერია, *„რომელთაგანაც გვებოძა დიადი და ფასდაუდებელი აღთქმანი, რათა ამ ქვეყნად გულისთქმის ხრწნილებისაგან განრიდებულნი საღმრთო ბუნების თანაზიარნი გახდეთ.“*

ძველი აღთქმის დროში, ისინი იხსნებოდნენ რჯულის დაცვის ქმედებებით, როდესაც ახალი აღთქმის დროში, ჩვენ შეგვიძლია გადავრჩეთ იესო ქრისტეში რწმენით, რომელმაც რჯული სიყვარულით აღასრულა.

ძველი აღთქმის დროში ქმედებებით ხსნა შესაძლებელი იყო, როდესაც მათ ჰქონდათ ცოდვილი სურვილები, როგორიც არის მკვლელობა, სიძულვილი, ღალატი და სიცრუე, მაგრამ არ ჩაუდენიათ ეს ყველაფერი საქციელში. ძველი აღთქმის დროში სული წმინდა არ ცხოვრობდა მათში და არ შეეძლოთ ცოდვილი სურვილების საკუთარი ძალით განდევნა. ამგვარად, როდესაც ცოდვებს გარეგნულად არ იდენდნენ, ისინი არ იყვნენ ცოდვილები.

თუმცა, ახალი აღთქმის დროში, ჩვენ ხსნას მხოლოდ

იმ შემთხვევაში მივაღწევთ, თუ რწმენით წინდავცვეთ ჩვენს გულებს. სული წმინდა გვატყობინებს ცოდვის, სამართლიანობის და განსჯის შესახებ და გვეხმარება ვიცხოვროთ ღმერთის სიტყვის თანახმად, ამიტომ ჩვენ შეგვიძლია განვდევნოთ არაჭეშმარიტება და ცოდვილი ბუნება და წინდავცვეთოთ ჩვენი გულები.

იესო ქრისტეში რწმენით ხსნა უბრალოდ არ ეძლევა ადამიანს, როდესაც იცის და სწამს იესო ქრისტესი როგორც მხსნელის. მხოლოდ მაშინ, როდესაც განვდევნით გულიდან ბოროტებას რწმენით ჭეშმარიტებაში ვივლით, ღმერთი ჩათვლის ჩვენს რწმენას ჭეშმარიტად და წაგვიძღვება ხსნისაკენ.

## როგორ უნდა ვასიამოვნოთ ღმერთი

ბუნებრივია, რომ ღმერთის შვილმა არ უნდა ჩაიდინოს ცოდვები ქმედებებში. ასევე ნორმალურია მისთვის რომ განდევნოს არაჭეშმარიტება და გულის ცოდვილი სურვილები და დაემსგავსოს ღმერთის სიწმინდეს. თუ კი ცოდვებს ქმედებებში არ ჩაიდენ, მაგრამ ცოდვილი ბუნება მაინც გექნება შენში, რომელიც ღმერთს არ სურს, შენ ღმერთის მიერ სამართლიანად ვერ აღიარდები.

სწორედ ამიტომ წერია მათე 5:27-28-ში, *„თქვენ გსმენიათ წინაპართა მიმართ თქმული: არა იმრუშო. ხოლო მე გეუბნებით თქვენ: ყველამ, ვინც ნდომით შეხედა ქალს, უკვე იმრუშა მასთან საკუთარ გულში.“*

და 1 იოანე 3:15-ში წერია, *„ყველა, ვისაც სძულს თავისი ძმა, კაცისმკვლელია; თქვენ კი იცით, რომ არცერთ კაცისმკვლელს არ აქვს საუკუნო სიცოცხლე, თვით მასშივე დამკვიდრებული.“* ეს სტროფი გვიბიძგებს, რომ განვდევნოთ სიძულვილი ჩვენი გულებიდან.

როგორ უნდა მოექცე მტრებს, რომლებსაც სძულხარ, რათა ღმერთის ნება ასიამოვნო?

ძველი აღთქმის დროის რჯული გვეუბნება, *„თვალის სანაცვლოდ თვალი, [და] კბილის სანაცვლოდ კბილი.“* სხვა სიტყვებით რომ ვთქვათ, რჯული ამბობს, *„რა ზიანიც მიაყენა ადამიანს, მასაც იგივე ზიანი უნდა მიაყენონ“* (ლევიანნი 24:20). ეს იყო იმისათვის, რომ აერიდებინათ ადამიანის მიერ სხვების დაზარალება მკაცრი წესებით. ეს იმიტომ, რომ ღმერთმა იცის, რომ ადამიანთა მოდგმა ცდილობს სხვებს გადაუხადონ უფრო მეტი ზარალის მიყენებით.

მეფე დავითი აღიარდა როგორც ადამიანი, რომელიც ღმერთის გულს ჰგავდა. როდესაც მეფე საულმა მისი მოკვლა სცადა, დავითს არ დაუბრუნებია რაიმე ბოროტება მეფე საულისთვის, პირიქით, იგი მას ბოლო წუთამდე სიკეთით ეპყრობოდა. დავითმა დაინახა რჯულის ჭეშმარიტი მნიშვნელობა და ცხოვრობდა ღმერთის სიტყვის თანახმად.

*„ნუ იქნები შურისმაძიებელი და ბოღმას ნუ*

*ჩაიდებ შენი თვისტომის მიმართ; გიყვარდეს შენი ახლობელი, როგორც თავი შენი. მე ვარ უფალი!“* (ლევიანნი 19:18).

*„ნუ ხარობ შენი მტრის დაცემით და მისი წაბორძიკებით ნუ ილხენს შენი გული“* (იგავნი 24:17).

*„თუ შენი მტერი მშიერია, პური აჭამე; თუ სწყურია, წყალი ასვი“* (იგავნი 25-21).

*„თქვენ გსმენიათ, რომ თქმულა: გიყვარდეს მოყვასი შენი და გძულდეს მტერი შენი. ხოლო მე გეუბნებით თქვენ: გიყვარდით თქვენი მტერნი; დალოცეთ თქვენი მაწყევარნი“* (მათე 5:43-44).

ამ სტროფების თანახმად, თუ შენ თითქოს და იცავ რჯულს, მაგრამ არ პატიობ ადამიანს, რომელმაც უსიამოვნება მოგიტანა, ღმერთი არ არის შენით კმაყოფილი. ეს იმიტომ, რომ ღმერთმა გვითხრა, რომ უნდა გვიყვარდეს ჩვენი მტრები. როდესაც რჯულს იცავ და როდესაც ამას იმ გულით აკეთებ, რომელიც ღმერთს სურს რომ შენ გქონდეს, შემ ჩაითვლები ისეთ ადამიანად, რომელიც სრულყოფილად ემორჩილება ღმერთის სიტყვას.

## რჯული, ღმერთის სიყვარულის ნიშანი

სიყვარულის ღმერთს სურს, რომ უსასრულო კურთხევა მოგვცეს, მაგრამ რადგან იგი სამართლიანობის ღმერთია, მას არ აქვს სხვა გზა და როდესაც ცოდვებს ვიდენთ ეშმაკის მმართველობის ქვეშ ვართ. ზუსტად ამიტომ ზოგი მორწმუნე იტანჯება ავადმყოფობებისგან და უბედური შემთხვევა ემთხვევათ, როდესაც არ ცხოვრობენ ღმერთის სიტყვის თანახმად.

ღმერთმა სიყვარულით მოგვცა მრავალი მცნება, რათა დავეცავით ამ უბედურებებისა და ტკივილებისაგან. რამდენ მითითებას აძლევენ მშობლები შვილებს მათ დასაცავად უბედურებებისა და ავადმყოფობებისაგან?

„დაიბანე ხელები, როდესაც სახლში მოხვალ."
„გაიხეხე კბილები ჭამის შემდეგ."
„გაიხედ-გამოიხედე, როდესაც გზაზე გადადიხარ."

ანალოგიურად, ღმერთმა გვითხრა, რომ დაგვეცვა მისი მცნებები საკუთარი კეთილდღეობისათვის (რჯული 10:13). ღმერთის სიტყვის შენახვა და განხორციელება არის ლამპასავით ჩვენი ცხოვრების განმავლობაში. არ აქვს მნიშვნელობა როგორი სიბნელე იქნება, ჩვენ შეგვიძლია მშვიდად მივაღწიოთ დანიშნულების ადგილს ლამპით და ანალოგიურად, როდესაც ღმერთი, რომელიც სინათლეა, ჩვენთან

ერთად არის, ჩვენ დაცულები ვიქნებით როგორც მისი ჭეშმარიტი შვილები.

როგორი ნასიამოვნებია ღმერთი, როდესაც თავის შვილებს იცავს, რომლებიც ემორჩილებიან მის სიტყვას! შესაბამისად ამ შვილებს შეუძლიათ თავიანთი გულები წმინდა და კეთილი გახადონ და რაც უფრო მეტად დაემორჩილებიან ღერთის სიტყვას, მით უფრო დაემორჩილებიან ღმერთს და კიდევ უფრო შეუყვარდებათ იგი.

ამგვარად, რჯული, რომელიც ღმერთმა მოგვცა არის სიყვარულის სახელმძღვანელოსავით, რომელიც წარმოადგენს მიმართულებას საუკეთესო კურთხევისაკენ ჩვენთვის, რომლებიც დედამიწაზე ღმერთის დამუშავების ქვეშ ვართ. ღმერთის რჯული გვიცავს ყველანაირი უბედურებისაგან ამ სამყაროში, რომელსაც ეშმაკი და სატანა განაგებენ.

## იესომ რჯული სიყვარულით აღასრულა

რჯული 19:19-21-ში ჩვენ ვკითხულობთ, რომ ძველი აღთქმის დროში, როდესაც ხალხი ცოდვას თვალებით ჩაიდენდა, მათ თვალები უნდა ამოთხროდათ. როდესაც ხელებით ან ფეხებით იდენდნენ ცოდვას, ხელებს ან ფეხებს აჭრიდნენ. როდესაც ღალატის ან მკვლელობის ცოდვას ჩაიდენდნენ, ქვებით იქოლებოდნენ სიკვდილამდე.

სულიერი სამყაროს კანონი გვეუბნება, რომ ჩვენი ცოდვების საზღაური სიკვდილია. ზუსტად ამიტომ, ღმერთმა სერიოზულად დასაჯა ისინი, რომლებმაც მიუტევებელი ცოდვები ჩაიდინეს და ამგვარად მას სურდა ხალხი გაეფრთხილებინა, რომ იგივე ცოდვები არ ჩაედინათ.

მაგრამ სიყვარულის ღმერთი არ იყო ნასიამოვნები იმ რწმენით, რომლითაც ისინი ჩარჩნენ რჯულში და თქვეს, „თვალის სანაცვლოდ თვალი, კბილის სანაცვლოდ კბილი." სამაგიეროდ, მან ისევ და ისევ ხაზი გაუსვა ძველ აღთქმაში, რომ მათ წინ უნდა დაცვითონ გულები. მას არ სურდა, რომ მის ხალხს ტკივილი მიჰყენებოდა რჯულის გამო, ამიტომ როდესაც დრო მოვიდა, მან გამოგზავნა იესო დედამიწაზე და თავის თავზე აიღო მან მთელი ადამიანთა მოდგმის ცოდვები და სიყვარულით აღასრულა რჯული.

იესოს ჯვარცმის გარეშე, ჩვენ ხელები და ფეხები გვექნებოდა მოჭრილი, თუ კი ცოდვებს ჩავიდენდით ხელებით და ფეხებით. მაგრამ იესომ მიიღო ჯვარი და დაღვარა თავისი ძვირფასი სისხლი, რათა განვეწმინდეთ ცოდვებისაგან, რომლებიც ხელებით და ფეხებით ჩავიდინეთ. ახლა ჩვენ აღარ დაგვჭირდება ხელების და ფეხების მოჭრა ღმერთის ამ დიდი სიყვარულის გამო.

იესო, რომელიც ერთია სიყვარულის ღმერთთან, მოვიდა დედამიწაზე და სიყვარულით აღასრულა რჯული. იესომ იცხოვრა სამაგალითო ცხოვრებით და დაიცვა ღმერთის ყოველი კანონი.

იესოს სიყვარული განსაკუთრებულად გამოჩნდა როდესაც ქალი, რომელიც ღალატის დროს დაიჭირეს, იესოს მიუყვანეს ფარისევლებმა. იოანეს სახარების მერვე თავში, წიგნიერებმა და ფარისევლებმა იესოს ქალი მიუყვანეს და ჰკითხეს, „მოსემ კი რჯულში გვამცნო ამნაირების ჩაქოლვა; შენ რაღას იტყვი?" (სტროფი 5) შემდეგ იესომ მიუგო მათ, „ვინც თქვენს შორის უცოდველია, პირველად იმან ესროლოს ქვა" (სტროფი 7).

ამ კითხვის დასმით, მას სურდა მათი გამოფხიზლება, რომ არა მარტო ქალი, რომელსაც ღალატის ბრალს დებდნენ, არამედ თვითონაც ცოდვილები იყვნენ ღმერთის წინაშე და რომ არავის შეუძლია სხვისი განსჯა. როდესაც ხალხმა ეს გაიგო, სინდისმა შეაწუხათ და სათითაოდ გაიკრიფნენ. და იესო დარჩა მარტო ქალთან ერთად.

იესოს ქალის გარდა ვერავის მოჰკრა თვალი და მიუგო მას, *„ქალო, სად არიან შენი ბრალმდებელნი? არავინ დაგდო მსჯავრი?"* (სტროფი 10) მან კი მიუგო, „არავინ, უფალო." და უთხრა მას იესომ, *„არც მე განგსჯი. წადი და ამიერიდან ნუღარა სცოდავ"* (სტროფი 11).

როდესაც ეს ქალი მოიყვანეს და მისი მიუტევებელი ცოდვა გამოამჟღავნეს, მას შიშის გრძნობა დაეუფლა. ამიტომ, როდესაც იესომ მას მიუტევა, წარმოიდგინეთ მისი ცრემლები, რომლებიც ღრმა ემოციებისა და მადლიერებისაგან დაღვარა! ყოველთვის, როდესაც იესოს ეს შენდობა და სიყვარული გაახსენდებოდა, იგი ალბათ ვერც კი გაბედავდა რჯულისს კიდევ ერთხელ დარღვევას და ცოდვის ჩადენას. ეს იმიტომ იყო შესაძლებელი, რომ იგი შეხვდა იესოს, რომელმაც სიყვარულით აღასრულა რჯული.

იესოს რჯული სიყვარულით მხოლოდ ამ ქალისთვის კი არ აღუსრულებია, არამედ ყოველი ადამიანისთვის. მას არც კი დაუშურებია საკუთარი სიცოცხლე და გასწირა თავისი თავი ჩვენთვის, ცოდვილებისთვის.

იესო იყო უდანაშაულო და წმინდა და ღმერთის ერთადერთი ძე, მაგრამ მან ენით გამოუთქმელი ტკივილი გადაიტანა, დაღვარა თავისი სისხლი და წყალი და გასწირა საკუთარი სიცოცხლე ჩვენთვის.

როდესაც მისი სიყვარულის ეს ძალა მოვა ჩვენთან, ჩვენ მივიღებთ ძალას, რომ დავიცვათ რჯული და შევძლოთ რჯულის სიყვარულით აღსრულება, ზუსტად როგორც ეს იესომ გააკეთა.

თუ კი იესო რჯულს სიყვარულით არ აღასრულებდა და განკიცხავდა და განსიჯდა ადამიანს მხოლოდ

რჯულით და ცოდვებს ზურგს შეაქცევდა, რამდენი ადამიანი გადარჩებოდა სამყაროში? როგორც ბიბლიაში წერია, *„არავინაა მართალი,“* (რომაელთა 3:10) ვერავინ გადარჩება.

ამგვარად, ღმერთის შვილებს, რომლებსაც ცოდვები მიეტევათ ღმერთის დიდი სიყვარულით, არა მარტო უნდა უყვარდეთ იგი მისი მცნებების დაცვით, არამედ მეზობლები საკუთარი თავებივით უნდა უყვარდეთ და მიუტევონ მათ.

## ისინი, რომლებიც სხვებს რჯულით კიცხავენ და სჯიან

იესომ რჯული სიყვარულით აღასრულა და გახდა ადამიანთა მოდგმის მხსნელი, მაგრამ რა გააკეთეს ფარისევლებმა, მწიგნობრებმა და რჯულის მცოდნეებმა? ისინი დაჟინებით მოითხოვდნენ რჯულის ქმედებებით დაცვას გულის კურთხევის მაგივრად, მაგრამ ისინი ფიქრობდნენ, რომ რჯულს სრულყოფილად იცავდნენ. გარდა ამისა, ისინი არ პატიობდნენ იმ ადამიანებს, რომლებიც არ იცავდნენ რჯულს და კიცხავდნენ მათ.

მაგრამ ჩვენს ღმერთს არასოდეს სურს სხვების განკიცხვა წყალობისა და სიყვარულის გარეშე. არც ის სურს მას, რომ ჩვენ ტკივილი მივიღოთ რჯულის

დაცვით ღმერთის სიყვარულის განცდის გარეშე. თუ კი ჩვენ დავიცავთ რჯულს, მაგრამ ვერ გავიგებთ ღმერთის გულს და ამას სიყვარულით ვერ გავაკეთებთ, ამას ჩვენთვის არაფერი სარგებელი არ მოაქვს.

> *„წინასწარმეტყველების მადლიც რომ მქონდეს, ვიცოდე ყველა საიდუმლო და მქონდეს მთელი რწმენა, ისე, რომ მთების დაძვრაც შემეძლოს, სიყვარული თუ არა მაქვს, არარა ვარ. მთელი ჩემი ქონება რომ გავიღო გლახაკთათვის და დასაწვავად მივცე ჩემი სხეული, სიყვარული თუ არა მაქვს, არას მარგია“* (1 კორინთელთა 13:2-3).

ღმერთი არის სიყვარული და მას უხარია და გვლოცავს, როდესაც ყველაფერს სიყვარულით ვაკეთებთ. იესოს დროს ფარისევლები არ ფლობდნენ სიყვარულს თავიანთ გულებში, როდესაც რჯულს ქმედებებში იცავდნენ და ამას მათთვის არაფერი სარგებელი არ მოჰქონდა. ისინი კიცხავდნენ სხვებს რჯულის ცოდნით და ამან გამოიწვია მათი შორს ყოფნა ღმერთისგან და შედეგად ღმერთის ძე ჯვარს აცვეს.

## როდესაც გესმის ღმერთის ჭეშმარიტი ნება, რომელიც რჯულშია

ძველი აღთქმის დროსაც კი, არსებობდნენ რწმენის წინაპრები, რომლებსაც ესმოდათ ღმერთის ჭეშმარიტი

ნება, რომელიც რჯულშია. რწმენის წინაპრები, აბრაამის, იოსების, მოსეს, დავითის და ელიას ჩათვლით, არა მარტო იცავდნენ რჯულს, არამედ მთელი ძალისხმევით ცდილობდნენ გამხდარიყვნენ ღმერთის ჭეშმარიტი შვილები გულის წინდაცვეთით.

თუმცა, როდესაც ღმერთმა იესო მესიად გამოგზავნა, რათა ებრაელებისთვის ეთქვა აბრაამის ღმერთის, ისააკის ღმერთის და იაკობის ღმერთის შესახებ, მათ არ აღიარეს იგი. ეს იმიტომ, რომ ისინი დაბრმავებული იყვნენ უხუცესთა ტრადიციებით და რჯულის საქციელებში დაცვით.

იმისათვის, რომ დაემტკიცებინა რომ ღმერთის ძე იყო, იესომ მოახდინა გასაოცარი სასწაულები და ნიშნები, რომლებიც შესაძლებელი იყო მხოლოდ ღმერთის ძალით. მაგრამ მათ არ აღიარეს იესო და არც მიიღეს იგი მესიად.

მაგრამ ეს ყველაფერი სხვანაირად იყო იმ ებრაელებისთვის, რომლებსაც კეთილი გულები ჰქონდათ. როდესაც იესოს სიტყვებს უსმენდნენ, მათ სწამდათ მისი და როდესაც იესოს მიერ მოხდენილ სასწაულებს ხედავდნენ, მათ სჯეროდათ, რომ ღმერთი მასთან ერთად იყო. იოანეს სახარების მესამე თავში, ფარისეველი, სახელად „ნიკოდემე" ერთ საღამოს მივიდა იესოსთან და შემდეგი რამ უთხრა:

„რაბი, ვიცით, რომ ღმრთისაგან მოსულხარ

*მოძღვრად, ვინაიდან არავის შეუძლია შენს მიერ მოხდენილ სასწაულთა ქმნა, თუკი მასთან არ არის ღმერთი“* (იოანე 3:2).

## ღმერთის სიყვარული ელოდება ისრაელის დაბრუნებას

მაშინ რატომ არ აღიარა ებრაელთა უმრავლესობამ იესო, რომელიც მხსნელად იყო დედამიწაზე მოსული? მათ საკუთარ აზრებში ჩამოაყალიბეს რჯულის ჩარჩოები, სწამდათ, რომ უყვარდათ ღმერთი და ემსახურებოდნენ მას და არ სურდათ ისეთი რაღაცეების მიღება, რაც განსხვავდებოდა მათი ჩარჩოებისგან.

სანამ უფალ იესოს შეხვდებოდა, პავლეს მტკიცედ სჯეროდა, რომ რჯულის და უხუცესთა ტრადიციების სრულყოფილად დაცვა იყო ღერთის სიყვარული და მისთვის მსახურობა. ამიტომ არ მიიღო მან იესო მხსნელად და დევნიდა მას და მის მორწმუნეებს. დამასკოს გზაზე აღმდგარ უფალ იესოსთან შეხვედრის შემდეგ, მისი ჩარჩოები მთლიანად დაიმსხვრა და გახდა უფლის, იესო ქრისტეს მოციქული. ამ დროიდან მოყოლებული, იგი საკუთარ სიცოცხლესაც გასწირავდა უფლისათვის.

ამგვარად, როგორც კი გააცნობიერებენ ღმერთის ჭეშმარიტ ნებას რომელიც რჯულშია, მათ შეეძლებათ ღმერთის სიყვარული უფრო მეტად ვიდრე სხვა ხალხს

ან ერს და ერთგულნი იქნებიან ღმერთის მთელი ცხოვრების განმავლობაში.

როდესაც ღმერთმა ისრაელის ხალხი ეგვიპტიდან გაიყვანა, მან მისცა მათ კანონები და მცნებები მოსეს საშუალებით და უთხრა თუ რა სურდა მას. იგი დაპირდა მათ, რომ თუ კი ღმერთი ეყვარებოდათ, წინდაცვეთდენ საკუთარ გულებს და მისი ნების თანახმად იცხოვრებდნენ, იგი ყოველთვის მათ გვერდით იქნებოდა და მრავალ კურთხევას მისცემდა.

*„მიბრუნდები უფლის, შენი ღმერთისაკენ, და შეისმენ მის სიტყვას, როგორც გარიგებ დღეს, შენს შვილებთან ერთად მთელი შენი გულითა და სულით, მაშინ უფალიც, შენი ღმერთი, დააბრუნებს შენს ტყვებს და შეგიწყალებს, კვლავ შეგკრებს ყველა ხალხიდან, რომელთა შორისაც გაფანტული ეყოლები უფალს, შენს ღმერთს. ცის კიდემდეც რომ იყო გაგდებული, იქიდან შემოგკრებს უფალი, შენი ღმერთი, იქიდან წამოგიყვანს. მიგიყვანს უფალი, შენი ღმერთი, იმ ქვეყანაში, რომელიც დამკვიდრებული ჰქონდა შენს მამა-პაპას, და დაიმკვიდრებ მას; აგაშენებს და შენს მამა-პაპაზე უფრო გაგამრავლებს. წინდაცვეთს უფალი, შენი ღმერთი, შენს გულს და შენი შთამომავლობის გულს, რომ გიყვარდეს უფალი, შენი ღმერთი, მთელი შენი გულითა და*

*სულით, რათა ცოცხალი დარჩე. მოაწევს უფალი, შენი ღმერთი, მთელს ამ წყევლას შენს მტრებზე და მოძულეებზე, რომლებიც გდევნიდნენ შენ. მოიქცევი და შეისმენ უფლის სიტყვას, შეასრულებ ყოველ მის მცნებას, რომელსაც გიცხადებ დღეს“* (რჯული 30:2-8).

როგორც ღმერთი დაპირდა თავის რჩეულ ისრაელის ხალხს ამ სტროფებში, მან შეკრიბა თავისი ხალხი, რომლებიც მთელს მსოფლიოში იყვნენ მიმოფანტულნი და დააბრუნებინა საკუთარი სახელმწიფო სულ რამდენიმე ათას წელში და დედამიწაზე ყველა ერზე მაღლა დააყენა. მიუხედავად ამისა, ისრაელმა ვერ გააცნობიერა ღმერთის დიდი სიყვარული ჯვარცმით და მისი ადამიანთა მოდგმის დამუშავების და შექმნის გასაოცარი განგება და მაინც მიჰყვებოდნენ რჯულის და უხუცესთა ტრადიციების დაცვის ქმედებებს.

სიყვარულის ღმერთს სურს და ელოდება მათ, რომ მიატოვონ საკუთარი არასწორი რწმენა და შეიცვალნონ და გახდნენ ჭეშმარიტი შვილები რაც შეიძლება სწრაფად. პირველ რიგში, მათ გულები უნდა გააღონ და მიიღონ იესო ქრისტე, რომელიც ღმერთმა გამოგზავნა როგორც ადამიანთა მოდგმის მხსნელი და ასევე მიიღონ ცოდვების შენდობა. შემდეგი, მათ უნდა გააცნობიერონ ღმერთის ჭეშმარიტი ნება, რომელიც მოცემულია რჯულით და იქონიონ ჭეშმარიტი

რწმენა ღმერთის სიტყვის ბეჯითად დაცვით, რათა სრულყოფილ ხსნას მიაღწიონ.

მე დარწმუნებით ვლცულობ, რომ ისრაელი აღადგენს ღმერთის დაკარგულ გამოსახულებას რწმენით, რომელიც ღმერთს სიამოვნებს და გახდებიან მისი ჭეშმარიტი შვილები, რათა ისიამოვნონ იმ ყოველი კურთხევით, რომელიც ღმერთი დაპირდა და დიდებაში იცხოვრონ საუკუნო ზეცაში.

ქვის გუმბათი, ისლამური მეჩეთი იერუსალიმის დაკარგულ წმინდა ქალაქში

## თავი 4
## უყურე და მოუსმინე!

# სამყაროს დასასრულისაკენ

ბიბლია გარკვევით განგვიმარტავს ადამიანთა მოდგმის ისტორიის და მისი დასასრულის შესახებ. ახლა უკვე რამდენიმე ათასი წლის განმავლობაში, ღმერთი გვეუბნება ბიბლიით მისი ადამიანის დამუშავების ისტორიის შესახებ. ისტორია დაიწყო პირველი ადამიანით, ადამით დედამიწაზე და დასრულდება უფლის მეორედ მოსვლით.

ღმერთის ადამიანთა მოდგმის დამუშავების ისტორიის საათზე, რა დროა ახლა და რამდენი დღე და საათია დარჩენილი სანამ საათი ადამიანის გაშენების ბოლო მომენტის ზარს ჩამოკრავს? ახლა მოდით ღრმად შევისწავლოთ ის, თუ რა აქვს ღმერთს დაგეგმილი და რა არის მისი ნება ისრაელის ხსნის გზისაკენ წაძღოლისა.

## ბიბლიის წინასწარმეტყველებათა შესრულება ადამიანის ისტორიის მანძილზე

ბიბლიაში მრავალი წინასწარმეტყველებაა და ყოველი მათგანი არის ყოვლისშემძლე ღმერთის სიტყვები. როგორც ესაია 55:11-შია ნათქვამი, „*ასევე*

*იქნება ჩემი სიტყვა, რომელიც გამოდის ჩემი პირიდან. ფუჭად არ დაბრუნდება ჩემთან, თუ არ აღასრულა ჩემი ნება და არ მიაღწია იმას, რისთვისაც მივავლინე,“* ღმერთის ყოველი სიტყვა ზუსტად შესრულდა.

ისრაელის ისტორია აშკარად ადასტურებს, რომ ბიბლიის წინასწარმეტყველებები შესრულდა ზუსტად ისე, როგორც ბიბლიაშია დაწერილი. ისრაელის ისტორია ზუსტად ისეა როგორც ბიბლიაში იყო ნაწინასწარმეტყველები: ისრაელის 400 წლიანი მონობა ეგვიპტეში და გამოსვლა; მათი კანაანის მიწაზე შესვლა; მათი სამეფოს დაყოფა ორ ნაწილად – ისრაელი და იუდა და მათი განადგურება; ბაბილონური ტყვეობა; ისრაელის სახლში დაბრუნება; მესიას დაბადება, მესიას ჯვარცმა; ისრაელის განადგურება და მთელს მსოფლიოში გაფანტვა და ისრაელის აღდგენა როგორც სახელმწიფო და მისი დამოუკიდებლობა.

ადამიანთა მოდგმის ისტორია ყოვლისშემძლე ღმერთის კონტროლის ქვეშ არის და ყოველთვის, როდესაც იგი რაიმე მნიშვნელოვანს აღწევდა, წინასწარ ეუბნებოდა ღმერთის ხალხს, თუ რა მოხდებოდა (ამოსი 3:7). ღმერთმა წინასწარ უთხრა ნოას, კაცს, რომელიც იყო სამართლიანი და წუნდაუდებელი თავის დროში, რომ მთელს დედამიწას დიდი წარღვნა გაანადგურებდა. მან უთხრა აბრაამს, რომ სოდომის და გომორის ქალაქები განადგურდებოდა და დანიელ წინასწარმეტყველს და იოანე მოციქულს შეატყობინა, თუ რა მოხდებოდა სამყაროს დასასრულს.

ბიბლიაში ჩაწერილი ამ წინასწარმეტყველებების უმრავლესობა ზუსტად შესრულდა და წინასწარმეტყველებები, რომლებიც ჯერ კიდევ უნდა მოხდეს, არის უფლის მეორედ მოსვლა და კიდევ რამდენიმე.

დროის დასასრულის ნიშნები

დღეს არ აქვს მნიშვნელობა რამდენად სერიოზულად განვმარტავთ დროის დასასრულს, უამრავ ადამიანს არ სურს ამის დაჯერება. ამის მიღების მაგივრად, ისინი ფიქრობენ, რომ ადამიანები, რომლებიც სამყაროს დასასრულზე საუბრობენ, უცნაურები არიან და ცდილობენ მათ მოსმენას თავი აარიდონ. ისინი ფიქრობენ რომ მზე ამოვა, ადამიანები დაიბადებიან და მოკვდებიან და ცივილიზაცია გაგრძელდება, როგორც ეს აქამდე ხდებოდა.

ბიბლიაში წერია დასასრული დროის შესახებ, „უპირველეს ყოვლისა, იცოდეთ, რომ უკანასკნელ დღეებში მოვლენ მგმობელნი, თავიანთი გულისთქმისამებრ მოარულნი, და იტყვიან: სად არის აღთქმა მისი მოსვლისა? ვინაიდან მას შემდეგ, რაც მამებმა მიიძინეს, ყველაფერი უცვლელად რჩება შექმნის დასაბამიდან" (2 პეტრე 3:3-4).

როდესაც ადამიანი იბადება, მისთვის ასევე არის

სიკვდილის დრო. ანალოგიურად, ზუსტად როგორც ამას დასაწყისი ჰქონდა, ადამიანის ისტორიას დასასრულიც აქვს. როდესაც ღმერთის დანიშნული დრო მოვა, ყველაფერი ამ სამყაროში დასრულდება:

*იმ დროს აღდგება მიქაელი, დიდი მთავარი, შენი ხალხის შვილთა მფარველი. ისეთი მძიმე დრო მოვა, ხალხის გაჩენის დღიდან ამ დრომდე რომ არ ყოფილა. იმ დროს შენი ხალხიდან ყველა გადარჩება, ვინც კი წიგნში ჩაწერილი აღმოჩნდება. მრავალი მიწაში მიძინებული გამოიღვიძებს, ზოგი საუკუნო სიცოცხლისათვის, ზოგი საუკუნო გმობისთვის და შერცხვენისთვის. მოძღვარნი ცის ნათელივით გაანათებენ, მრავალთა მომარჯულებელნი კი – ვარსკვლავებივით უკუნითი უკუნისამდე. შენ კი, დანიელ, საიდუმლოდ შეინახე ეს სიტყვები და დაბეჭდე ეს წიგნი უკანასკნელ ჟამამდე. მრავალნი შეისწავლიან და მოიმატებს ცოდნა (დანიელი 12:1-4).*

წინასწარმეტყველი დანიელის საშუალებით, ღმერთმა იწინასწარმეტყველა თუ რა მოხდებოდა დასასრულის დრო. ზოგი ადამიანი ამბობს, რომ დანიელის წინასწარმეტყველებები უკვე შესრულდა წარსულ ისტორიაში. მაგრამ ეს წინასწარმეტყველება მთლიანად აღსრულდება ადამიანთა მოდგმის

ისტორიის დასასრულის დროს.

დანიელის ეს წინასწარმეტყველება დაკავშირებულია უფლის მეორედ მოსვლასთან. პირველი სტროფი *„ისეთი მძიმე დრო მოვა, ხალხის გაჩენის დღიდან ამ დრომდე რომ არ ყოფილა. იმ დროს შენი ხალხიდან ყველა გადარჩება, ვინც კი წიგნში ჩაწერილი აღმოჩნდება,“* განმარტავს შვიდწლიანი ჭირის შესახებ, რომელიც მოხდება სამყაროს დასასრულის დროს, და ასევე განმარტავს ხსნის შესახებ.

მეოთხე სტროფის მეორე ნახევარი, რომელიც ამბობს *„მრავალნი შეისწავლიან და მოიმატებს ცოდნა,“* განმარტავს იმ ყოველდღიურ ცხოვრებას, რომლითაც ხალხი დღეს ცხოვრობს. საბოლოოდ, დანიელის ეს წინასწარმეტყველებები არ ეხება ისრაელის განადგურებას, რომელიც მოხდა ჩვენი წელთაღრიცხვიდან 70 წელს.

იესომ დეტალურად უთხრა თავის მოწაფეებს დასასრულის ნიშნების შესახებ. მათე 23-ში მან თქვა, *„გაიგებთ აგრეთვე ომებსა და ომების ამბებს. აღდგება ხალხი ხალხის წინააღმდეგ, და სამეფო სამეფოს წინააღმდეგ: და იქნება შიმშილობა და ჟამიანობა და მიწისძვრანი აქა-იქ. მრავალი ცრუწინასწარმეტყველი აღდგება და აცდუნებს მრავალს. და ურჯულოების მომრავლების გამო მრავალში განელდება სიყვარული.“*

დღეს როგორია მსოფლიოს სიტუაცია? დღით დღე იზრდება ახალი ამბების რაოდენობა ომებსა და ტერორიზმების შესახებ. სახელმწიფოები და სამეფოები იბრძვიან ერთმანეთის წინააღმდეგ. მრავალი შიმშილობა და მიწისძვრაა. კიდევ უამრავი სხვადასხვა ბუნებრივი უბედურებაა და უჩვეულო ამინდები. გარდა ამისა, უკანონობა იზრდება მთელი მსოფლიოს გარშემო, ცოდვები და ბოროტება დიდად არის გავრცელებული და ხალხის სიყვარული ცივდება.

იგივე წერია ტიმოთეს მეორე ეპისტოლეში.

*„ეს კი იცოდე, რომ უკანასკნელ დღეებში მოიწევა საზარელი ჟამი. რადგანაც კაცნი იქნებიან თვითმოყვარენი, ვერცხლის მოყვარენი, ქედმაღალნი, ამპარტავანნი, მგმობელნი, მშობლების ურჩნი, უმადურნი, უღირსნი, კაცთმოძულენი, გულღრძონი, მაბეზღარნი, აღვირახსნილნი, გულმხეცნი, სიკეთის მოძულენი, გამცემნი, თავხედნი, მზვაობარნი, უფრო განცხრომის მოყვარენი, ვიდრე ღმრთისა, მოჩვენებითად ღვთისმსახურნი, სინამდვილეში კი მისი ძალის უარმყოფელნი; ამნაირთაგან შორს დაიჭირე თავი“* (2 ტიმოთე 3:1-5).

დღეს ხალხს არ მოსწონს კარგი რაღაცეები და

უყვართ ფული და სიამოვნება. მათ საკუთარი სარგებელი სურთ და ჩადიან ცოდვებს და ბოროტებას მკვლელობის ჩათვლით ყოყმანის და სინდისის ქენჯნის გარეშე. ასეთი შემთხვევების რაოდენობა იზრდება და ხალხის გული იმდენად ცივდება, რომ აღარაფერი უკვირთ. ამ ყველაფრის შემხედვარეებმა, ჩვენ არ შეგვიძლია ვუარყოთ, რომ ადამიანის ისტორიის მსვლელობა დროის დასასრულისაკენ მიდის.

ისრაელის ისტორიაც კი გვაფრთხილებს ნიშნებით უფლის მეორედ მოსვლას და სამყაროს დროის დასასრულს.

მათე 24:32-33 ამბობს, *„ლეღვის ხისაგან ისწავლეთ იგავი: როცა მისი ტოტები რბილდება და ფოთლები გამოაქვს, იცით, რომ ახლოა ზაფხული. ასევე თქვენც, როცა იხილავთ ყოველივე ამას, იცოდეთ, რომ უკვე ახლოა, კარზეა მომდგარი.“*

„ლეღვის ხე“ გულისხმობს ისრაელს. ზამთარში ხე მკვდარია, მაგრამ გაზაფხულზე ყვავდება, მისი ტოტები იზრდება და ფოთლებს ისხამენ. ამგვარად, ისრაელის განადგურების შემდეგ, რომელიც ჩვენი წელთაღრიცხვიდან 70 წელს მოხდა, ისრაელი თითქოსდა მთლიანად გაქრა დაახლოებით 2000 წლის განმავლობაში, მაგრამ როდესაც ღმერთი დანიშნული დრო მოვიდა, ისრაელმა გამოაცხადა

დამოუკიდებლობა გამოცხადდა ისრაელის სახელმწიფოდ 1948 წლის 14 მაისს.

უფრო მნიშვნელოვანი რამ ის არის, რომ ისრაელის დამოუკიდებლობა იმას მიუთითებს, რომ იესო ქრისტეს მეორედ მოსვლა ძალიან ახლოს არის. ამგვარად, ისრაელმა უნდა გააცნობიეროს, რომ მესია, რომელსაც ჯერ კიდევ ელიან, მოვიდა დედამიწაზე და გახდა ადამიანთა მოდგმის მხსნელი 2000 წლის წინათ და უნდა დაიმახსოვრონ, რომ მხსნელი იესო ადრე თუ გვიან მოვა დედამიწაზე, როგორც მოსამართლე.

მაშინ რა მოგვივა ჩვენ, რომლებიც ბოლო დღეებში ვიცხოვრებთ, ბიბლიის წინასწარმეტყველებათა მიხედვით?

## უფლის მეორედ მოსვლა ჰაერში და აღტაცება

დაახლოებით 2000 წლის წინათ იესო ჯვარს ეცვა და აღსდგა მესამე დღეს და ამით მან გაანადგურა სიკვდილის ძალა და შემდეგ ავიდა ზეცაში და ხალხმა დაინახა მისი ზეცაში ატაცება.

> *„კაცნო გალილეველნო, რას დამდგარხართ და შეჰყურებთ ცას? ეს იესო, თქვენგან რომ ამაღლდა ზეცად, ისევე მოვა, როგორც ზეცად აღმავალი იხილეთ იგი“* (საქმე 1:11).

უფალმა იესომ გახსნა ხსნის კარები ადამიანთა მოდგმისათვის თავისი ჯვარცმით და აღდგომით, და შემდეგ ზეცაში აღცენდა და დაჯდა ღმერთის ტახტის მარჯვენა მხარეს და ამზადებს ზეციურ საცხოვრებელ ადგილებს იმ ადამიანებისათვის, რომლებიც გადარჩებიან. და როდესაც ადამიანთა მოდგმის ისტორია დასრულდება, იგი კიდევ ერთხელ მოვა, რომ წაგვიყვანოს. მისი მეორედ მოსვლა კარგად არის აღწერილი 1 თესალონიკელთა 4:16-17-ში.

*ვინაიდან თვით უფალი, მბრძანებლური სიტყვით, მთავარანგელოზის ხმობითა და ღვთის საყვირის ხმით, გადმოვა ზეცით, და პირველნი აღდებიან ქრისტეში განსვენებულნი. შემდეგ კი ჩვენც, ცოცხლად შთენილთაც, აგვიტაცებენ ღრუბლებს ზემოთ, რათა ჰაერში შევეგებოთ უფალს და, ამრიგად, სამუდამოდ უფალთან ერთად ვიქნებით.*

როგორი დიდებული სცენაა, როდესაც უფალი ჩამოვა დიდების ღრუბლებში მრავალ ანგელოზთან ერთად! ის ადამიანები, რომლებიც იხსნენ, მიიღებენ სულიერ სხეულებს და ჰაერში შეხვდებიან უფალს და იზეიმებენ შვიდწლიან საქორწინო ზეიმს უფალთან ერთად.

ისინი, ვინც იხსნებიან, ჰაერში ავლენ და შეხვდებიან უფალს და ამას ეწოდება „აღტაცება“. ჰაერის სამეფო

ეხება მეორე ზეცის ნაწილს, რომელიც ღმერთმა შვიდწლიანი საქორწინო ზეიმისთვის მოამზადა.

ღმერთმა სულიერი სამყარო რამდენიმე სივრცედ დაყო და ერთ-ერთი მათგანი არის მეორე ზეცა. მეორე ზეცა დაყოფილია ორ სივრცედ – ედემი, რომელიც სინათლის სამყაროა და სიბნელის სამყარო. სინათლის სამყაროს ნაწილში არის განსაკუთრებული ადგილი მომზადებული შვიდწლიანი საქორწინო ზეიმისათვის.

ხალხი, რომელმაც საკუთარი თავი რწმენით მორთო ხსნის მისაღწევად ამ ცოდვილ და ბოროტებით სავსე სამყაროში, ზეცაში ავლენ, როგორც უფლის პატარძლები და შეხვდებიან უფალს და შვიდი წლის განმავლობაში ისიამოვნებენ საქორწინო ზეიმით.

> *„გვიხაროდეს და ვილხენდეთ, და დიდება მივაგოთ მას, ვინაიდან მოვიდა კრავის ქორწილი და მისმა სასძლომ განიმზადა თავი. და მიეცა მას შესამოსად წმიდა და ნათელი ბისონი, რადგანაც წმიდათა სიმართლეა იგი. და მითხრა მე: დაწერე: ნეტარნი არიან კრავის საქორწინო სერობაზე წვეულნი. და მითხრა: ესენი არიან ჭეშმარიტი სიტყვები ღვთისა“* (აპოკალიფსი 19:7-9)

ისინი, რომლებიც ჰაერში ავლენ, დიდი ნუგეშისცემა შეხვდებათ სამყაროს რწმენით დამლევისათვის საქორწინო ზეიმისას, როდესაც

ისინი, რომლებიც არ ავლენ ზეცაში, დაიტანჯებიან გამოუთქმელი ტანჯვით დიდ მწუხარებაში ბოროტი სულებით, რომლებიც დედამიწაზე მოვლენ უფლის მეორედ მოსვლისას.

## შვიდწლიანი დიდი ჭირი

როდესაც ის ადამიანები, რომლებიც გადარჩნენ, ისიამოვნებენ შვიდწლიანი საქორწინო ზეიმით და იოცნებებენ ბედნიერ და საუკუნო ზეცაზე, მთელს დედამიწას დაფარავს უსასტიკესი მწუხარება.

მაშინ, როგორ დაიწყება შვიდწლიანი ჭირი? რადგან უფალი ზეცაში მოვა და უამრავი ადამიანი ავა ზეცაში, ისინი ვინც დედამიწაზე დარჩებიან, დაპანიკდებიან და შოკში ჩავარდებიან ოჯახის წევრების, მეგობრების და მეზობლების დაკარგვით და დაიწყებენ მათ ძებნას.

მალე ისინი გააცნობიერებენ, რომ აღტაცება მოხდა რომელზეც ქრისტიანები საუბრობდნენ. მათ შეეშინდებათ, როდესაც გაიხსენებენ შვიდწლიან ჭირს. მათ დაეუფლებათ მღელვარების და პანიკის გრძნობა. და როდესაც თვითმფრინავების, გემების, მატარებლების და მანქანების მძღოლები ავლენ ზეცაში, მრავალი უბედური შემთხვევა მოხდება და შენობები დაინგრევა და მსოფლიო აივსება ქაოსითა და არეულობით.

ამ დროს ადამიანი მოვა და მშვიდობას და წესრიგს დაამყარებს მსოფლიოში. ეს ადამიანი არის ევროკავშირის მმართველი. იგი გააერთიანებს პოლიტიკურ, ეკონომიკურ და სამხედრო ძალებს და გაერთიანებული ძალით მსოფლიოს წესრიგში მოიყვანს. ამიტომ ესიამოვნება მრავალ ადამიანს მისი მსოფლიოს არენაზე გამოჩენა. უამრავი ადამიანი ენთუზიაზმით შეხვდება მას, ლოიალურად მხარს დაუჭერს და აქტიურად დაეხმარება.

იგი იქნება ანტიქრისტე, რომელსაც ბიბლია გულისხმობს, რომელიც წარუძღვება შვიდწლიან ჭირს, მაგრამ გარკვეული დროის განმავლობაში იგი იქნება „სიმშვიდის მომასწავებელი." სინამდვილეში, ანტიქრისტე სიმშვიდეს და წესრიგს ხალხს შვიდწლიანი ჭირის ადრეულ ეტაპზე მოუტანს. ხელსაწყო, რომელსაც იგი გამოიყენებს მსოფლიოს სიმშვიდის მოსაპოვებლად, არის მხეცის ნიშანი „666" რომელიც ბიბლიაში წერია.

*და აიძულებს ყველას, დიდსა თუ მცირეს, მდიდარსა თუ ღარიბს, მონასა თუ თავისუფალს, ნიშანი დაისვან მარჯვენა ხელსა თუ შუბლზე. ასე რომ, ვერავინ იყიდის ან გაყიდის რამეს, მათ გარდა, ვისაც აქვს ნიშანი – მხეცის სახელი, ან მისი სახელის რიცხვი. აქაა სიბრძნე; ვისაც გაგების თავი აქვს, გამოითვალოს მხეცის რიცხვი, რადგანაც ესაა რიცხვი კაცისა, და მისი*

*რიცხვი – ექვსას სამოცდაექვსი* (აპოკალიფსი 13:16-18).

## რა არის მხეცის ნიშანი?

მხეცი გულისხმობს კომპიუტერს. ევროკავშირი კომპიუტერებით ჩამოაყალიბებს ორგანიზაციებს. ევროკავშირის კომპიუტერებით თითოეულ ადამიანს მიეცემა შტრიხ-კოდი მარჯვენა ხელზე ან შუბლზე. შტრიხ-კოდი არის მხეცის ნიშანი. თითოეული ადამიანის პირადი ინფორმაცია შევა ამ შტრიხ-კოდში და შტრიხ-კოდს ადამიანის სხეულში მოათავსებენ. ამ სხეულში მოთავსებული შტრიხ-კოდით, ევროკავშირის კომპიუტერი შეძლებს თითეული ადამიანის დეტალურად თვალყურისდევნებას და ინსპექტირებას.

ჩვენს თანამედროვე საკრედიტო ბარათებსა და პირადობის მოწმობებს ჩაანაცვლებს მხეცის ნიშანი, „666". ამგვარად ხალხს აღარ დასჭირდება ფული ან ჩეკები. მათ აღარ დასჭირდებათ ნერვიულობა საკუთრების დაკარგვაზე ან ფულის გაქურდვაზე. ეს ძლიერი მხარე მოკლე დროში მთელს მსოფლიოში გაავრცელებს მხეცის ნიშანს და ამ ნიშნის გარეშე ვერავინ იქნება იდენტიფიცირებული, მაგრამ ისინი ვერც შეძლებენ რაიმეს ყიდვას ან გაყიდვას.

შვიდწლიანი ჭირის დასაწყისში ხალხი მიიღებს

მხეცის ნიშანს, მაგრამ მათ არ დაამალებენ ნიშნის მიღებას. მათ უბრალოდ რჩევას მისცემენ რომ მიიღონ ნიშანი სანამ ევროკავშირის ორგანიზაცია მტკიცედ იქნება ჩამოყალიბებული. როგორც კი შვიდწლიანი დიდი ჭირის პირველი ნაწილი დასრულდება და ორგანიზაცია განმტკიცდება, შემდეგ ევროკავშირი ხალხს აიძულებს ნიშნის მიღებას და არ აპატიებს მათ, რომლებიც ამას არ მიიღებენ. ამგვარად, ევროკავშირი დაავალდებულებს ხალხს რომ ნიშანი მიიღონ და ისე წარუძღვებიან მათ როგორც ენდომებათ.

საბოლოოდ, ადამიანები, რომლებიც დარჩებან შვიდწლიანი დიდი ჭირის დროს, შეიზღუდებან ანტიქრისტეს კონტროლით და მხეცის მთავრობით. რადგან ანტიქრისტეს ეშმაკი გააკონტროლებს, ევროკავშირი ხალხს წინააღმდეგობას გააწევინებს ღმერთის მიმართ და წარუძღვება მათ ბოროტი, არასამართლიანი, ცოდვილი და განადგურების გზისაკენ.

სხვათა შორის, ზოგი ადამიანი არ დანებდება ანტიქრისტეს მმართველობას. ისინი არიან ადამიანები, რომლებსაც სწამდათ იესო ქრისტესი, მაგრამ ვერ ავიდნენ ზეცაში მისი მეორედ მოსვლის დროს, რადგან არ ჰქონდათ ჭეშმარიტი რწმენა.

ზოგმა მათგანმა ერთ დროს მიიღო უფალი და ცხოვრობდა ღმერთის წყალობით, მაგრამ მოგვიანებით დაკარგეს წყალობა და დაუბრუნდნენ ამ სამყაროს

და ზოგმა კი გულახდილად გამოხატა რწმენა იესოში და ეკლესიაშიც იარა, მაგრამ ცხოვრობდა მიწიერ სიტკბოებებში, რადგან არ ჰქონდათ სულიერი რწმენა. ასევე არსებობენ სხვები, რომლებსაც ახლად აქვთ უფალი იესო ქრისტე მიღებული და ზოგი ებრაელი გამოღვიძებულია თავიანთი სულიერი თვლემიდან აღტაცებით.

როდესაც ისინი იხილვენ აღტაცების რეალობა, გააცნობიერებენ, რომ ძველი და ახალი აღთქმის სიტყვები ჭეშმარიტებაა და წუხილის გრძნობა დაეუფლებათ. მათ დიდი შიშის გრძნობა მოიცავს, მოინანიებენ რომ ღმერთის სიტყვის მიხედვით არ ცხოვრობდნენ და ეცდებიან რაიმე გზით ხსნა მიიღონ.

*მათ მოჰყვა მესამე ანგელოზი, რომელიც ხმამაღლა ამბობდა: ვინც თაყვანს სცემს მხეცს ან მის ხატებას და შუბლსა თუ ხელს აღიბეჭდავს მისი ნიშნით, ისიც შესვამს ღვთის რისხვის ღვინოს, შეუზავებლად ჩასხმულს მისი მრისხანების სასმისში, და ეწამება გოგირდითა და ცეცხლით წმიდა ანგელოზთა და კრავის წინაშე. კვამლი მათი წამებისა ავა უკუნითი უკუნისამდე და არც დღისით და არც ღამით აღარ ექნებათ მოსვენება მხეცისა თუ მისი ხატების თაყვანისმცემელთ და მისი სახელის ნიშნით აღბეჭდილთ. აქ არის წმიდათა მოთმინება, რომელნიც იმარხავენ ღვთის მცნებებს და იესოს*

*რწმენას* (აპოკალიფსი 14:9-12).

თუ კი ადამიანი მიიღებს მხეცის ნიშანს, იგი იძულებული იქნება დაემორჩილოს ანტიქრისტეს. ზუსტად ამიტომ ბიბლია განსაკუთრებულ მნიშვნელობას ანიჭებს იმას, რომ ვინც მხეცის ნიშანს მიიღებს, ვერ მიაღწევს ხსნას. დიდი ჭირის დროს ადამიანები, რომლებმაც ეს ფაქტი იციანი, ეცდებიან რომ არ მიიღონ მხეცის ნიშანი, რათა აჩვენონ იმის დამამტკიცებელი საბუთი, რომ მათ აქვთ რწმენა.

ანტიქრისტეს იდენტურობა ნათლად გამომჟღავნდება. იგი კატეგორიებად დაყოფს როგორც საზოგადოების ბინძურ ელემენტებს იმ ადამიანებს, რომლებიც წინააღმდეგობას გაუწევენ მის პოლიტიკას და უარს იტყვიან ნიშნის მიღებაზე და გააგდებს მათ საზოგადოებიდან იმ მიზეზით, რომ ისინი საზოგადოებრივ სიმშვიდეს არღვევენ. და იგი აიძულებს მათ, რომ უარყონ იესო ქრისტე და მიიღონ მხეცის ნიშანი. თუ კი ისინი წინააღმდეგობას გაუწევენ, მათ განდევნიან და აწამებენ.

## ხსნის მიღება მოწამეობით, რადგან არ მიიღეს მხეცის ნიშანი

წამება იმ ადამიანებისა, რომლებმაც უარი თქვეს მხეცის ნიშნის მიღებაზე შვიდწლიანი დიდი ჭირის დროს, წარმოუდგენლად სასტიკია. წამება მალიან

მძიმეა მათთვის რომ გაუძლონ, ამიტომ მხოლოდ რამდენიმე ადამიანი იქნება, რომლებიც გაუძლებენ ამ წამებას და მიიღებენ საბოლოო შესაძლებლობას ხსნისათვის. ზოგი მათგანი იტყვის, „მე არ მივატოვებ ჩემს რწმენას უფალში. მე მაინც მწამს მისი გულის სიღრმიდან. წამება იმდენად დაუძლეველია ჩემთვის, რომ უფალს მხოლოდ პირით ვუარყოფ. ღმერთი გამიგებს და გადამარჩენს“ და მიიღებენ მხეცის ნიშანს. მაგრამ მათ არ მიეცემათ ხსნა.

რამდენიმე წლის წინ, როდესაც ვლოცულობდი, ღმერთმა ხედვაში მაჩვენა, თუ როგორ უარყოფს ზოგი ადამიანი მხეცის ნიშნის მიღებას დიდი ჭირის დროს და როგორ აწამებენ მათ. ეს მართლაც მძიმე საყურებელ რამ იყო! მტანჯველებს კანს აცლიდნენ, ყოველ ძვალს უმტვრევდნენ, თითებს, ფეხის თითებს, ხელებს და ფეხებს აჭრიდნენ და მდუღარე წყალსასხამდნენ სხეულზე.

მეორე მსოფლიო ომის დროს, საზარელი სისხლის ღვრა და წამება მოხდა და მათ სამედიცინო ექსპერიმენტები ჩაატარეს ცოცხალ სხეულებზე. ამ წამების შედარებაც კი არ შეიძლება შვიდწლიანი დიდი ჭირის ტანჯვასთან. აღტაცების შემდეგ, ანტიქრისტე, რომელიც ერთია ეშმაკთან, წარუძღვება მთელს მსოფლიოს და არავის შეიწყალებს.

ეშმაკი და ანტიქრისტეს ძალები, ყველანაირად შეეცდებიან რომ დაარწმუნონ ხალხი, რომ უარყონ იესო, რათა ჯოჯოხეთიესაკენ წარუძღვნენ. ისინი აწამებენ მორწმუნეებს ყველანაირი წამების მეთოდებით, მაგრამ პირდაპირ არ მოკლავენ. სხვადასხვა სახის წამების მეთოდები და უახლესი წამების მოწყობილობები მორწმუნეებს უკიდურეს პანიკაში და ტკივილში ჩააგდებს. მაგრამ მხოლოდ საზარელი ტანჯვა-წამება გაგრძელდება.

ნაწამებ ადამიანებს სიკვდილის სურვილი ექნებათ, მაგრამ არ შეეძლებათ სიკვდილის არჩევა, რადგან ანტიქრისტე მათ ასე ადვილად არ მოკლავს და მათ კარგად იციან, რომ თვითმკვლელობა ვერასეოდეს მიიყვანს მათ ხსნამდე.

ხედვაში ღმერთმა მაჩვენა, რომ ხალხის უმრავლესობა ვერ გაუძლებს წამებას და დანებდებიან ანტიქრისტეს. გარკვეული დროის განმავლობაში ზოგი მათგანი გაუძლებს წამებას ძლიერი სურვილით, მაგრამ როდესაც საყვარელი ადამიანების, შვილების ან მშობლების ტანჯვას დაინახავენ, ისინი მიატოვებენ წინააღმდეგობის გაწევას, დანებდებიან ანტიქრისტეს და მიიღებენ მხეცის ნიშანს.

ამ ნაწამებ ადამიანთა შორის, რამდენიმე, რომლებსაც სამართლიანი და ერგული გულები აქვთ, გაუძლებენ საზარელ წამებას და ანტიქრისტეს ძლიერ ცდუნებებს და მოკვდებიან წამებით. ამგვარად, იმ

ადამიანებს, რომლებიც ასე შეინარჩუნებენ რწმენას დიდი ჭირის დროს, შეეძლებათ ხსნის აღლუმში მიიღებენ მონაწილეობას.

## ხსნის გზა მოახლოებული ჭირისგან

როდესაც მეორე მსოფლიო ომი დაიწყო, ებრაელებს, რომლებიც მშვიდი ცხოვრებით ცხოვრობდნენ გერმანიაში, არასოდეს შეუტანიათ ეჭვი, რომ ისეთი საზარელი ხოცვა-ჟლეტვა მოხდებოდა, როგორიც 6 მილიონი ადამიანის ამოხოცვა იქნებოდა. არავინ იცოდა, რომ გერმანია, რომელიც აძლევდა მათ მშვიდობას და სტაბილურობას, მოულოდნელად, მოკლე დროში შეიცვლებოდა ასეთ ბოროტ ძალებად.

იმ დროს, რადგან არ იცოდნენ თუ რა მოხდებოდა, ებრაელები დახმარების გარეშე იყვნენ და ვერაფერს აკეთებდნენ იმისათვის, რომ თავი აერიდებინათ დიდ ტანჯვას. ღმერთს სურს, რომ თავისმა რჩეულმა ხალხმა თავი აარიდონ მოახლოებულ უბედურებას ახლო მომავალში. ზუსტად ამიტომ ღმერთმა ბიბლიაში დეტალურად ჩაწერა სამყაროს დასასრული და ღმერთის ხალხის მიერ გააფრთხილა ისრაელი მომავალი მწუხარების შესახებ.

ყველაზე მნიშვნელოვანი რამ, რაც ისრაელმა უნდა იცოდეს, არის ის, რომ ამ ჭირის უბედურებას თავს ვერ აარიდებენ და იმის მაგივრად რომ მას თავი დააღწიონ, ისრაელი დიდი ჭირის ცენტრში იქნება.

მე მინდა თქვენ გააცნობიეროთ, რომ ეს დიდი ჭირი მოხდება ძალიან მალე და თუ კი მზად არ იქნებით, ის ქურდივით მოგეპარებათ. შენ მოგიწევს სულიერი თვლემიდან გამოფხიზლება, თუ კი გსურს, რომ საზარელ უბედურებას თავი დააღწიო.

ახლა არის დრო, რომ ისრაელმა გაიღვიძოს! მათ უნდა მოინანიონ, რომ არ აღიარეს მესია და მიიღონ იესო ქრისტე, როგორც მთელი ადამიანთა მოდგმის მხსნელი და იქონიონ ჭეშმარიტი რწმენა, რომელიც ღმერთს სურს, რათა სიხარულით აღტაცდნენ ცაში, როდესაც უფალი დაბრუნდება.

მე მოგიწოდებ შენ გაითვალისწინო, რომ ანტიქრისტე შენს წინაშე წარსდგება როგორც სიმშვიდის მომასწავებელი, ზუსტად როგორც გერმანია იყო მეორე მსოფლიო ომამდე. იგი შემოგთავაზებს მშვიდობას და კომფორტს, მაგრამ ძალიან მალე და მოულოდნელად, ანტიქრისტე გახდება დიდი ძალა, ძალა, რომელიც იზრდება და წარმოუდგენელ ტანჯვას და უბედურებას მოიტანს.

# ათი ფეხის თითი

ბიბლიას მრავალი წინასწარმეტყველური ნაწყვეტი აქვს, რომელიც მომავალში მოხდება. კერძოდ, თუ კი ძველი აღთქმის დიდი წინასწრმეტყველების წიგნებში ჩაწერილ წინასწარმეტყველებებს შევხედავთ, ისინი წინასწარ გვეტყვიან არა მარტო ისრაელის, არამედ მთელი მსოფლიოს მომავალის შესახებ. როგორ ფიქრობ რა არის მიზეზი? ღმერთის რჩეული ხალხი, ისრაელი იყო, არის და იქნება ადამიანთა მოდგმის ისტორიის ცენტრში.

## დიდი კერპი, რომელიც დანიელის წინასწარმეტყველებაში წერია

დანიელის წიგნი არა მარტო ისრაელის მომავალს წინასწარმეტყველებს, არამედ მსოფლიოს ბოლო დღეების მომავალს ისრაელის დასასრულთან დაკავშირებით. დანიელი 2:31-33-ში, დანიელმა განმარტა მეფე ნაბუქოდონოსორის სიზმარი ღმერთის შთაგონებით და განმარტება იყო იმის წინასწარმეტყველება, თუ რა მოხდებოდა სამყაროს დასასრულს.

*„აჰა, ხედავდი, მეფეო, ერთ დიდ კერპს; უზარმაზარი იყო ეს კერპი და უცხოდ გაბრწყინებული იდგა შენს წინაშე; საშინელი შესახედავი იყო. ამ კერპს თავი წმინდა ოქროსი ჰქონდა, მკერდი და ხელები – ვერცხლისა, მუცელი და ბარძაყები – სპილენძისა, წვივები – რკინისა, ფეხები ნაწილობრივ რკინის, ნაწილობრივ – თიხისა“* (დანიელი 2:31-33).

მაშინ რას წინასწარმეტყველებს ეს სტროფები სამყაროს სიტუაციაზე ბოლო დღეებში?

„ერთი დიდი კერპი“ რომელიც მეფე ნაბუქოდონოსორმა ნახა სიზმარში არის ევროკავშირი. დღეს სამყაროს აკონტროლებს ორი ძალა – ამერიკის შეერთებული შტატები და ევროკავშირი. რა თქმა უნდა რუსეთის და ჩინეთის ზემოქმედების უყურადღებოდ ჩაგდება შეუძლებელია. მაგრამ, ამერიკის შეერთებული შტატები და ევროკავშირი მაინც იქნება ყველაზე გავლენიანი ძალები მსოფლიოში ეკონომიკის და სამხედრო ძალების სფეროში.

ამჟამად, ევროკავშირი თითქოს და სუსტია, მაგრამ იგი უფრო მეტად გაფართოვდება. დღეს ამაში არავის ეპარება ეჭვი. აქამდე ამერიკის შეერთებული შტატები იყო დომინანტური სახელმწიფო მსოფლიოში, მაგრამ თანდათან ევროკავშირი უფრო გაბატონდება მსოფლიოში, ვიდრე ამერიკის

შეერთებული შტატები.

მხოლოდ რამდენიმე ათეული წლის წინ, ვერავის წარმოედგინა, რომ ევროპის ქვეყნები გაერთიანდებოდა როგორც ერთი მმართველობის სისტემა. რა თქმა უნდა, ევროპის ქვეყნები დიდი ხნის განმავლობაში განიხილავდნენ ევროკავშირს, მაგრამ ვერავინ იქნებოდა დარწმუნებული, რომ გადალახავდნენ ეროვნული იდენტურობის, ენის, ვალუტის და სხვა ბარიერებს, რათა შეექმნათ გაერთიანებული კორპორაცია.

მაგრამ, 1980 წლის დასაწყისში, ევროპის ქვეყნების ლიდერებმა დაიწყეს ამ საკითხის სერიოზულად განხილვა, მხოლოდ ეკონომიკური ინტერესის გამო. ცივი ომის პერიოდში, სამხედრო ძალა იყო მთავარი ძალა დომინირების შესანარჩუნებლად, მაგრამ ცივი ომის დასასრულს, მთავარი ძალა სამხედრო ძალიდან ეკონომიკურ ძალად გახდა.

ამის მზადყოფნისათვის, ევროპის ქვეყნები ცდილობდნენ გაერთიანებას და შედეგად, ისინი გახდნენ ერთი ეკონომიკურ კავშირში. ახლა, ერთი რამ, რაც გასაკეთებელია პოლიტიკურ გაერთიანებაში, არის ქვეყნების შეკრება, როგორც ერთი სახელმწიფოებრივი სისტემა.

„უზარმაზარი იყო ეს კერპი და უცხოდ

გაბრწყინებული იდგა,“ რომელზეც დანიელი 2:31 ამბობს, წინასწარმეტყველებს ევროკავშირის ზრდას და საქმიანობას. ეს გვეუბნება, თუ როგორი ძლიერი იქნება ევროკავშირი.

## ევროკავშირს ექნება დიდი ძალაუფლება

როგორ შეძლება ევროკავშირი დიდი ძალაუფლების ქონას? დანიელი 2:32-დან გვაძლევს პასუხს, რომელიც განმარტავს, თუ რითია გაკეთებული კერპის თავი, მკერდი, ხელები, მუცელი, თეძოები, ფეხები და ტერფები.

პირველ რიგში, სტროფი 32 ამბობს, „ამ კერპს თავი წმინდა ოქროსი ჰქონდა.“ ეს წინასწარმეტყველებს, რომ ევროკავშირი ეკონომიკურად გაუმჯობესდება და წარუმღვება ეკონომიკურ ძალას სიმდიდრის აკუმულაციით. როგორც აქ არის ნაწინასწარმეტყველები, ეკონომიკური ერთიანობით, ევროკავშირი დიდ სარგებელს ნახავს.

შემდეგ, იგივე სტროფი ამბობს, „მკერდი და ხელები – ვერცხლისა.“ ეს სიმბოლურად გამოხატავს იმას, რომ ევროკავშირი სოციალურად, კულტურულატ და პოლიტიკურად გაერთიანებული იქნება. როდესაც ერთ პრეზიდენტს აირჩევენ ევროკავშირის წარმომადგენელად, ეს პოლიტიკურ ერთიანობას

სრულყოფს და გახდება მთლიანად გაერთიანებული სოციალურ და კულტურულ ასპექტებში. თუმცა, არასრული ერთიანობის გარემოში, თითოეულ წევრს ენდომება საკუთარი ეკონომიკური სარგებელი.

შემდეგ წერია, „მუცელი და ბარძაყები – სპილენძისა." ეს სიმბოლურად გამოხატავს, რომ ევროკავშირი მიაღწევს სამხედრო ერთიანობას. ევროკავშირის თითოეულ ქვეყანას ექნება ეკონომიკური სიძლიერე. ეს სამხედრო ერთიანობა ფუნდამენტალური ეკონომიკური სარგებლის მიზნით, რომელიც საბოლოო მიზანია. იმისათვის, რომ შეუერთდეს ძალის დაპყრობას სამყაროს ეკონომიკური სიძლიერით გაკონტროლებისათვის, არჩევანი აღარ იქნება და გაერთიანდებიან სოციალური, კულტურული, პოლიტიკური და სამხედრო სფეროებით.

და ბოლოს კი ამბობს, „წვივები – რკინისა." ეს ეხება კიდევ ერთ მტკიცე საფუძველს, რომ განმტკიცდეს და მხარი დაუჭიროს ევროკავშირს რელიგიური გაერთიანებით. ადრეულ ეტაპზე, ევროკავშირი გამოაცხადებს კათოლიკობას სახელმწიფო რელიგიად. კათოლიკობა მიიღებს სიძლიერეს და გახდება მხარდაჭერის მექანიზმი, რომ ევროკავშირი გამაგრდეს და შენარჩუნდეს.

## ათი ფეხის თითის სულიერი მნიშვნელობა

როდესაც ევროკავშირი წარმატებას მიაღწევს მრავალი ქვეყნის გაერთიანებას მათი ეკონომიკური, პოლიტიკური, სოციალური, კულტურული, სამხედრო და რელიგიური გავლენის სფეროში, ეს ჯერ ააფრიალებს მის გაერთიანებას და სიძლიერეს, მაგრამ თანდათან ისინი დაიწყებენ ერთმანეთში უთანხმოებასა და დარღვევას.

ევროკავშირის ადრეულ ეტაპზე, ევროკავშირის ქვეყყნები გაერთიანდება, რადგან ისინი ერთმანეთს უთმობენ ურთიერთგაგების ეკონომიკური სარგებლის გამო. მაგრამ, დროთა განმავლობაში წარმოიქმნება სოციალური, კულტურული, პოლიტიკური და იდეოლოგიური განსხვავებები და უთანხმოება ერთმანეთში. საბოლოოდ, რელიგიური კონლფიქტები გამომჟღავნდება – კონფლიქტები კათოკილობასა და პროტესტანტიზმს შორის.

დანიელი 2:33-ში წერია, „...წვივები – რკინისა, ფეხები ნაწილობრივ რკინის, ნაწილობრივ – თიხისა.“ ეს იმას ნიშნავს, რომ ათი ფეხის თითიდან ზოგი რკინისაა და ზოგი კი თიხის. ათი ფეხის დიდი არ გულისხმობს „ევროკავშირის ათ სახელმწიფოს.“ ეს ეხება „ხუთ წარმომადგენელ სახელმწიფოს, რომელსაც სწამს კათოლიკობის და მეორე ხუთ წარმომადგენელ

სახელმწიფოს, რომელსაც სწამს პროტესტანტიზმის.“

ზუსტად როგორც რკინა და თიხა ვერ შეზავდება ერთმანეთში, ქვეყნები, რომლებშიც კათოლიკობაა გაბატონებული და ქვეყნები, რომლებშიც პროტესტანტიზმია გაბატონებული, სრულყოფილად ვერ გაერთიანდება.

როდესაც ევროკავშირში უთანხმოების ნიშნები გაიზრდება, ისინი იფიქრებენ, რომ საჭირო იქნება ქვეყნების გაერთიანება რელიგიაში და კათოლიკობა მიიღებს კიდევ უფრო დიდ ძალას.

ამგვარად, ეკონომიკური სარგებლისათვის ევროკავშირი ჩამოყალიბდება ბოლო დღეებში და ამაღლდება უზარმაზარი სიძლიერით. მოგვიანებით ევროკავშირი გააერთიანებს მის რელიგიას როგორც კათოლიკობას და ევროკავშირის გაერთიანება კიდევ უფრო გაძლიერდება და საბოლოოდ ევროკავშირი გახდება კერპი.

კერპები არის ობიექტები, რომლებსაც ხალხი თაყვანს სცემს. ამ თვალსაზრისით, ევროკავშირი წარუძღვება სმაყაროს დიდი ძალით და იმეფებს მთელს მსოფლიოზე როგორც ძლიერი კერპი.

## მესამე მსოფლიო ომი და ევროკავშირი

როგორც ზემოთ ითქვა, როდესაც უფალი დაბრუნდება სამყაროს დასასრულს, ერთდროულად მრავალი მორწმუნე აცაცდება ჰაერში, და დედამიწაზე

საზარელი ქაოსი იქნება. ამასობაში, ევროკავშირი გაბატონდება მთელს მსოფლიოში მშვიდობის შესანარჩუნებლად, მაგრამ მოგვიანებით ევროკავშირი წინააღმდეგობას გაუწევს უფალს.

მოგვიანებით, ევროკავშირის წევრები განცალკევდებიან, რადგან თითოეულ მათგანს საკუთარი სარგებელი სურს. ეს მოხდება შვიდწლიანი დიდი ჭირის დროს. შვიდწლიანი დიდი ჭირის დასაწყისი, როგორც დანიელის წიგნის მეთორმეტე თავშია ნაწინასწარმეტყველები, მოხდება ისრაელის ისტორიის და მსოფლიოს ისტორიის დინების მიხედვით.

ზუსტად შვიდწლიანი დიდი ჭირის დაწყების შემდეგ, ევროკავშირი მიიღებს უზარმაზარ სიძლიერეს. ისინი აირჩევენ კავშირის ერთ პრეზიდენტს. ეს მოხდება მას შემდეგ, რაც მორწმუნეები, რომლებმაც მიიღეს იესო ქრისტე მხსნელად და გახდნენ ღმერთის ჭეშმარიტი შვილები, ავლენ ზეცაში უფლის მეორედ მოსვლის დროს.

ებრაელების უმრავლესობა, რომლებმაც არ მიიღეს იესო მხსნელად, დარჩებიან დედამიწაზე და დაიტანჯებიან შვიდწლიან დიდ ჭირში. დიდი ჭირის უბედურება და დიდი შიში აღუწერელად საზარელი იქნება. დედამიწა სავსე იქნება ომებით, მკვლელობებით, სიკვდილით დასჯებით, შიმშილობით, დაავადებებით და უბედურებებით.

შვიდწლიანი დიდი ჭირის დასაწყისი ისრაელში ომით, რომელიც მოხდება ისრაელსა და ახლო აღმოსავლეთს შორის. გადაჭარბებული დაძაბულობები დიდხანს გაგრძელდა ისრაელსა და დანარჩენ ახლო აღმოსავლეთ ქვეყნებს შორის და სასაზღვრო დავები არასოდეს შეწყვეტილა. მომავალში ეს დავა გაუარესდება. სასტიკი ომი დაიწყება, რადგან მსოფლიოს ძალები ჩაერევიან ნავთობის საქმეებში. მათ უთანხმოება ექნებათ ერთმანეთში, რათა კიდევ უფრო მაღალი წოდება მიიღონ და უპირატესობა ჰქონდეთ საერთაშორისო საქმეებში.

შეერთებული შტატები, რომელიც დიდი ხნის განმავლობაში ისრაელის ტრადიციული მოკავშირე იყო, მხარს დაუჭერს ისრაელს. ევროკავშირი, ჩინეთი და რუსეთი, რომლებიც შეერთებული შტატების წინააღმდეგ არიან, შეუერთდებიან ახლო აღმოსავლეთ და მესამე მსოფლიო ომი დაიწყება.

მესამე მსოფლიო ომი მასშტაბით სრულიად განსხვავებული იქნება მეორე მსოფლიო ომისგან. მეორე მსოფლიო ომში 50 მილიონზე მეტი ადამიანი მოკვდა ომის შედეგად. ახლა, თანამედროვე იარაღების ძალა, ატომური ბომბების და ქიმიური და ბიოლოგიური იარაღების ჩათვლით, არ შეედრება მეორე მსოფლიო ომის აღჭურვილობას და მათი გამოყენების შედეგები იქნება წარმოუდგენლად შემაძრწუნებელი.

შეუბრალებლად იქნება გამოყენებული თანამედროვე იარაღები და ამას ენით გამოუთქმელი განადგურება და სისხლის ღვრა მოჰყვება. სახელმწიფოები, რომლებიც იბრძოლებენ ომში, მთლიანად განადგურდებიან და გაუბედურდებიან. ეს არ იქნება ომის დასასრული. ბირთვული აფეთქება მოჰყვება რადიოაქტიურობით და მთელს დედამიწას მოიცავს რადიოაქტიური დაბინძურება, სერიოზული კლიმატის ცვლილებები და უბედურებები. შედეგად, მთელი დედამიწა ჯოჯოხეთად იქცევა.

ამ ყველაფრის შუაში, ისინი შეწყვეტენ ბირთვული იარაღებით თავდასხმას, რადგან თუ კი ბირთვულ იარაღებს კიდევ უფრო მეტჯერ გამოიყენებენ, ადამიანთა მოდგმის არსებობას საფრთხე დაემუქრება. მაგრამ სხვა იარაღები და არმიების სიმრავლე დააჩქარებს ომს. შეერთებული შტატები, რუსეთი და ჩინეთი ვერ შეძლებენ აღდგენას.

მსოფლიოს სახელმწიფოების უმრავლესობა თითქმის დაეცემა, მაგრამ ევროკავშირი გადაურჩება ყველაზე დამანგრეველ ზარალს. ევროკავშირი მხარდაჭერას დაპირდება ჩინეთსა და რუსეთს, მაგრამ ომის დროს, ევროკავშირი აქტიურად არ მიიღებს მონაწილეობას ბრძოლაში, რომ არ მიიღოს ისეთი ზიანი, როგორსაც სხვა სახელმწიფოები მიიღებენ.

როდესაც მრავალი მსოფლიოს ძალა ამერიკის შეერთებული შტატების ჩათვლით, მიიღებს დიდ

ზარალს და დაკარგავს ძალას უპრეცედენტო ომში, ევროკავშირი გახდება ერთადერთი ყველაზე ძლიერი ეროვნული კავშირი და წარმართავს მთელს მსოფლიოს. თავდაპირველად ევროკავშირი უბრალოდ შორიდან შეხედავს ომის პროგრესიას და როდესაც სხვა სახელმწიფოები მთლიანად განადგურდება ეკონომიკურად, შემდეგ ევროკავშირი წარსდგება და დაიწყებს ომის გადაწყვეტას. სხვა სახელმწიფოებს არ ექნებათ არჩევანი და დათანხმდებიან ევროკავშირის გადაწყვეტილებას, რადგან მათ ყოველი ძალა დაკარგეს.

ამის შემდეგ დაიწყება შვიდწლიანი დიდი ჭირის მეორე ნაწილი და მომავალი სამნახევარი წლის განმავლობაში, ანტიქრისტე, რომელიც ევროკავშირის მმართველია, გააკონტროლებს მთელს მსოფლიოს. და ანტიქრისტე აწამებს და განდევნის იმ ადამიანებს, რომლებიც მას შეეწინააღმდეგებიან.

### ანტიქრისტეს ჭეშმარიტი ბუნება გამომჟღავნდა

მესამე მსოფლიო ომის ადრეულ ეტაპზე, რამდენიმე სახელმწიფო დიდ ზარალს ნახავს ომისგან და ევროკავშირი მათ დაპირდება ეკონომიკურ მხარდაჭერას ჩინეთის და რუსეთის მეშვეობით. ისრაელის ომს შეეწირება როგორც ომის ცენტრი და ამ დროს ევროკავშირი დაპირდება მათ ღმერთის წმინდა ტაძრის აშენებს, რომელსაც ისრაელი ამდენი ხანია

ელოდება. ევროკავშირის მიერ ამ დაკმაყოფილებით, ისრაელი იოცნებებს დიდების აღდგენაზე, რომლითაც მათ დიდი ხნის წინათ ისიამოვნეს ღმერთის კურთხევაში. შედეგად ისრაელიც გახდება ევროკავშირის მოკავშირე.

მისი ისრაელისადმი მხარდაჭერის გამო, ევროკავშირის პრეზიდენტი აღიარდება როგორც ებრაელების მხსნელი. გაჭიანურებული ომი შუა აღმოსავლეთში თითქოს და დასასრულს მიუახლოვდება და კიდევ ერთხელ აღადგენენ წმინდა მიწას და ააშენებენ ღმერთის წმინდა ტაძარს. ისინი იწამებენ, რომ მესია და მათი მეფე, რომელსაც ამდენი ხანი ელოდნენ, საბოლოოდ მოვიდა და მთლიანად აღადგინა ისრაელი და განადიდა ისინი.

მაგრამ მალევე მათი მოლოდინი და სიხარული მიწაზე დაეცემა. როდესაც ღმერთის წმინდა ტაძარი აღდგება ისრაელში, მოულოდნელი რამ მოხდება. ეს ნაწინასწარმეტყველებია დანიელის წიგნში.

> *„იგი მრავალთან განამტკიცებს აღთქმას ერთ შვიდეულში, შვიდეულის ნახევარში შეცვლის მსხვერპლს და ძღვენს. სიბილწის ფრთეზზე იქნება გამტიალებელი, ვიდრე განგებული დრო არ ეწევა გამტიალებელს“* (დანიელი 9:27).

> *„წარმოდგება მისგან ლაშქარი და შელახავენ*

*საწმიდარს, ციხე-სიმაგრეს და შეწყვედენ მუდმივ შესაწირავს; და გატიალების სიბილწეს დაამყარებენ“* (დანიელი 11:31).

*„მუდმივი შესაწირავის შეწყვეტისა და გატიალების სიბილწის დადგომის შემდეგ ორიათას ოთხმოცდაათი დღე გავა“* (დანიელი 12:11).

ეს სამივე სტროფი ეხება ერთი და იგივე შემთხვევას. ეს არის ის შემთხვევა, რომელიც მოხდება დროის დასასრულს და ამ სტროფით იესომაც ისაუბრა დროის დასასრულის შესახებ.

მან თქვა მათე 24:15-16-ში, *„ხოლო როდესაც იხილავთ გაპარტახების სიბილწეს, დანიელ წინასწარმეტყველის მიერ ნათქვამს, რაც წმინდა ადგილას დევს (წამკითხველმა გაიგოს), მაშინ იუდეას მყოფნი მთებს შეეფარონ.“*

თავდაპირველად ებრაელები იწამებენ, რომ ევროკავშირმა აღადგინა ღმერთის წმინდა ტაძარი წმინდა მიწაზე, რომელსაც ისინი წმინდად თვლიდნენ, მაგრამ როდესაც წმინდა ადგილას ზიზღი წარმოიქმნება, ისინი გააცნობიერებენ, რომ მათი რწმენა არასწორი იყო. ისინი შეამჩნევენ, რომ იესო ქრისტეს ზურგი შეაქციეს და რომ ისი არის მათი მესია და ადამიანთა მოდგმის მხსნელი.

ეს არის ზუსტად იმის მიზეზი, რომ ისრაელი ახლა უნდა გამოფხიზლდეს. იმ შემთხვევაში თუ კი ისრაელი ახლა არ გამოფხიზლდება, ისინი ჭეშმარიტებას დროულად ვერ გააცნობიერებენ. ისრაელი გვიან გააცნობიერებს ჭეშმარიტებას.

ამიტომ მე მსურს, რომ ისრაელი გამოფხიზლდეს, რათა არ ჩავარდნენ ანტიქრისტეს ცდუნებებში და არ მიიღონ მხეცის ნიშანი. თუ კი მოტყუებულ იქნები ანტიქრისტეს მშვიდი და მაცდური სიტყვებით, რომელიც სიმშვიდეს დაგპირდება და მიიღებს მხეცის ნიშანს, „666", შენ იძულებული იქნები დაადგე სამუდამო სიკვდილის გზას.

სამწუხარი ის არის, რომ მხოლოდ მხეცის იდენტურობის გამომჟღავნების შემდეგ, როგორც დანიელმა იწინასწარმეტყველა, მრავალი ებრაელი გააცნობიერებს, რომ მათი რწმენა არასწორი იყო. მე მსურს, რომ ამ წიგნის მეშვეობით მიიღო მესია, რომელიც ღმერთმა უკვე გამოგზავნა და თავი აარიდო შვიდწლიან დიდ ჭირს.

ამგვარად, როგორც ზემოთ ვთქვი, შენ უნდა მიიღო იესო ქრისტე და გქონდეს რწმენა, რომელიც შესაფერისია ღმერთის თვალში. ეს არის ერთადერთი გზა შენთვის, რომ გადაურჩე შვიდწლიან დიდ ჭირს.

როგორი სამწუხარო იქნება, თუ კი შენ ვერ ახვალ ზეცაში და დარჩები დედამიწაზე უფლის მეორედ

მოსვლის დროს! მაგრამ საბედნიეროდ შენ იპოვნა ხსნის ბოლოს შანსს.

მე თხოვნით მოგმართავ რომ დაუყოვნებლივ მიიღო იესო ქრისტე. მაგრამ ახლაც კი არ არის გვიანი, რომ ბიბლიიდან და ამ წიგნიდან ისწავლო, თუ როგორ უნდა შეინარჩუნო შენი რწმენა მოახლოებული დიდი ჭირის დროს და იპოვნი გზას, რომელიც ღმერთმა მოამზადა შენი ხსნის ბოლო შესაძლებლობისათვის.

# ღმერთის უცვლელი სიყვარული

ღმერთმა შეასრულა თავისი განგება ადამიანის ხსნისათვის იესო ქრისტეს მეშვეობით და მიუხედავად ერისა და რასის, ყველა, ვინც იესოს საკუთარ მხსნელად მიიღებს და ღმერთის ნებას შეასრულებს, ღმერთი მას საკუთარ შვილად გახდის და საუკუნო სიცოცხლეს მისცემს.

მაგრამ რა მოუვიდა ისრაელს და მის ხალხს? ბევრ მათგანს არ აქვს იესო ქრისტე მიღებული და ხსნის გზიდან შორს არიან. როგორი სამწუხაროა, რომ ისინი ვერ გააცნობიერებენ ხსნის გზას იესო ქრისტეს მეშვეობით მაშინაც კი, როდესაც უფალი მეორედ მოვა ჰაერში და ღმერთის გადარჩენილი შვილები დედამიწიდან ჰაერში ავლენ!

მაშინ რა მოუვა ღმერთის რჩეულ ისრაელს? გამოირიცხებიან ისინი ღმერთის გადარჩენილი შვილების აღლუმიდან? სიყვარულის ღმერთმა მოამზადა თავისი გასაოცარი გეგმა ისრაელისთვის ადამიანთა მოდგმის ისტორიის ბოლოო მომენტში.

*„ღმერთი კაცი არ არის, რომ ცრუობდეს და არც ადამიანია, რომ გადათქვამდეს. თქვას და*

*არ გააკეთოს? ილაპარაკოს და არ შეასრულოს?“*
(რიცხვნი 23:19)

რა არის ბოლო გეგმა, რომელიც ღმერთს აქვს დაგეგმილი ისრაელისთვის დროის დასასრულს? ღმერთმა მოამზადა „თავთავების ხსნის“ გზა თავისი რჩეული ისრაელისთვის, რათა მიიღონ მათ ხსნა იმის გაცნობიერებით, რომ იესო, რომელიც მათ ჯვარს აცვეს არის ის მესია, რომელსაც ამდენი ხანი ელოდებოდნენ და სრულიად მოინანიებენ ცოდვებს ღმერთის წინაშე.

## თავთავების ხსნა

შვიდწლიანი დიდი ჭირის დროს, რადგან მათ ნახეს რომ უამრავი ადამიანი ზეცაში ავიდა და გაიგებენ ჭეშმარიტებას, ზოგი ადამიანი, რომელიც დედამიწაზე დარჩება, იწამებს და გულით მიიღებს იმ ფაქტს, რომ ზეცა და ჯოჯოხეთი არსებობს, ღმერთი ცოცხალია და იესო ქრისტე ჩვენი ერთადერთი მხსნელია. გარდა ამისა, ისინი ეცდებიან რომ არ მიიღონ მხეცის ნიშანი. ზეცაში ატაცების შემდეგ, ისინი შეიცვლებიან, წაიკითხავენ ბიბლიაში დაწერილ ღმერთის სიტყვებს, შეერთდებიან და ჩაატარებენ დიდების ცერემონიებს და ეცდებიან იცხოვრონ ღმერთის სიტყვის მიხედვით.

დიდი ჭირის ადრეულ ეტაპზე უამრავი ადამიანი შეძლებს იცხოვრონ რელიგიური ცხოვრებით და

გაავრცელებენ კიდეც ქრისტიანობას, რადგან ჯერ არ იქნება ორგანიზებული დევნები. ისინი არ მიიღებენ მხეცის ნიშანს, რადგან მათ უკვე იციან, რომ ამ ნიშნით ხსნას ვერ მიიღებენ და დიდი ჭირის დროსაც კი ეცდებიან იცხოვრონ ისეთი ცხოვრებით, რომლითაც დაიმსახურებენ ხსნის მიღებას. მაგრამ მათთვლის ძალიან რთული იქნება რწმენის შენარჩუნება, რადგან სული წმინდა დატოვებს სამყაროს.

ბევრი მათგანი მრავალ ცრემლს დაღვრის, რადგან არავინ ეყოლებათ, რომელიც წარუძღვება მათ და დაეხმარება რწმენის გაზრდაში. მათ რწმენის შენარჩუნება მოუწევთ ღმერთის ძალის და დაცვის გარეშე. ისინი დაღონდებიან, რადგან სინანულის გრძნობა დაეუფლებათ, რომ ღმერთის სიტყვის სწავლებას არ გაჰყვნენ მიუხედავად იმისა, რომ იცოდნენ რომ იესო ქრისტე უნდა მიეღოთ და წაძღოლოდნენ მორწმუნეთა ცხოვრებას.

ზოგი მათგანი დაიმალება შორეულ მთებში, რომ არ მიიღონ მხეცის ნიშანი. მათ მოუწევთ ცხოველების მოკვლა და სხვადასხვა მცენარეების ფესვების პოვნა საკვებად, რადგან მხეცის ნიშნის გარეშე არ შეუძლიათ რაიმეს ყიდვა ან გაყიდვა საკვების შესაძენად. მაგრამ დიდი ჭირის მეორე ნახევრის დროს, სამნახევარი წლის განმავლობაში, ანტიქრისტეს არმია მკაცრად და ყურადღებით დაედევნება მორწმუნეებს. არ ექნება მნიშვნელობა თუ რომელ შორეულ მთებში დაიმალებიან, ისინი მაინც იპოვნიან მათ.

მხეცის მთავრობა დაიჭერს მათ, რომლებსაც არ აქვთ მიღებული მხეცის ნიშანი და სასტიკი ტანჯვა-წამებით დაამალებს უარჰყონ უფალი დამიიღონ ნიშანი. საბოლოოდ მრავალი მათგანი დანებდება და მიიღებს მხეცის ნიშანს ტანჯვა-წამების ტკივილის გამო.

არმია მათ კედელზე შიშვლებს კედელზე ჩამოკიდებს და ბურღით გახვრეტს მათ სხეულებს. ისინი მთელს სხეულს, თავიდან ფეხებამდე კანს ააცლიან. ისინი აწამებენ შვილებს მათ თვალწინ. ტანჯვა-წამება იმდენად სასტიკია, რომ რთული იქნება მათთვის მოკვდნენ ნაწამები სიკვდილით.

ზუსტად ამიტომ რამდენიმე გაუძლებს წამებას ძლიერი ნებისყოფით და მოკვდებიან წამებული სიკვდილით, მიიღებენ ხსნას და მიაღწევენ ზეცას. ამგვარად, ზოგი ადამიანი გადარჩება რწმენის შენარჩუნებით და საკუთარ სიცოცხლეს შესწირავენ ანტიქრისტეს კონტროლის ქვეშ დიდი ჭირის დროს. ამას ჰქვია „თავთავების ხსნა."

ღმერთს აქვს ღრმა საიდუმლოებები, რომლებიც მან მოამზადა ღმერთის რჩეული ისრაელის თავთავების ხსნისათვის. ეს არის ორი მოწაფე და ადგილი პეტრა.

## ორი მოწაფის შესახედაობა და მათი სამღვდელოება

აპოკალიფსი 11:3-ში წერია, „*მივცემ ჩემს ორ მოწაფეს და ათას ორას სამოცი დღე იწინასწარმეტყველებენ*

*ძაძით მოსილნი.“* ორი მოწაფე არიან ისინი, რომლებიც ღმერთმა წინასწარ დანიშნა თავის გეგმაში თავისი რჩეული, ისრაელის გადასარჩენად. ისინი განუცხადებენ ებრაელებს ისრაელში, რომ იესო ქრისტე არის ერთადერთი მესია, რომლის შესახებაც ძველ აღთქმაში იყო ნაწინასწარმეტყველები.

ღმერთი მესაუბრა მე ორი მოწაფის შესახებ. მან განმიმარტა, რომ ისინი არ არიან მოხუცებულები, დადიან სამართლიანობაში და აქვთ პატიოსანი გულები. მან გამაგებინა თუ რა აღსარებას ეუბნება ერთ-ერთი მათგანი ღმერთს. მისი აღსარება ამბობს, რომ მას სწამდა იუდაიზმის, მაგრამ გაიგონა, რომ უამრავ ადამიანს სწამდა იესო ქრისტესი როგორც მხსნელის და საუბრობენ მის შესახებ. ამიტომ, იგი ლოცულობს ღმერთთან, რომ დაეხმაროს გაარჩიოს, თუ რომელია სწორი და ჭეშმარიტი,

„ღმერთო!

რა არის ეს უსიამოვნება ჩემს გულში?
მე მწამს ყველაფრის
რაც ჩემი მშობლებისგან მაქვს გაგონილი,

მაგრამ რა არის ეს უსიამოვნებები და კითხვები ჩემს გულში?

უამრავი ადამიანი საუბრობს მესიის შესახებ.

მაგრამ მხოლოდ თუ კი ვინმე მაჩვენებდა
ხმით და ნათელი დამამტკიცებელი საბუთით
არის თუ არა სწორი მათი დაჯერება
ან ვიწამო თუ არა მხოლოდ ის, რაც გაგონილი მაქვს ჩემი ახალგაზრდობიდან,
მეტად მადლიერი და სიხარულით სავსე ვიქნები.

მაგრამ მე ვერ ვხედავ ვერაფერს,
და რომ გავყვე იმას, რასაც ეს ხალხი ლაპარაკობს,
მაშინ ყველაფერი უაზროდ და უგუნურად უნდა ჩავთვალო
რაც შენარჩუნებული მქონდა ახალაგზრდობიდან.
რა არის ჭეშმარიტად სამართლიანი შენს თვალში?

მამა ღმერთო!
თუ კი შენ
მაჩვენებ ადამიანს,
რომელსაც შეუძლია რაიმეს დამყარება და ყველაფრის გაგება.
მიეცი საშუალება მოვიდეს ჩემთან და მასწავლოს
თუ რა არის სწორი და რა არის ნამდვილი ჭეშმარიტება.

როდესაც ცაში ვიყურები,
ეს უსიამოვნება მაქვს გულში,

და თუ კი ვინმეს შეუძლია ამ პრობლემის მოგვარება,
გთხოვ მიჩვენე იგი.

არ შემიძლია გულით ვუარყო ის ყველაფერი, რაც აქამდე მწამდა,
და როდესაც ყველაფერს ვუყურებ,
თუ კი არსებობს ვინმე, ვისაც შეუძლია მასწავლოს და დამანახოს,
თუ კი შეუძლია მიჩვენოს რომ ეს არის ჭეშმარიტება,
არ მომიწევს იმ ყველაფრის უარყოფა
რაც ვისწვლე და ვნახე.

ამიტომ, მამა ღმერთო!
გთხოვ მიჩვენე იგი.

მომეცი ამ ყველაფრის გაგების უნარი.

მე შეწუხებული ვარ მრავალი რამის შესახებ.
მე მწამს, რომ ყველაფერი, რაც აქამდე მქონდა გაგონილი, ჭეშმარიტებაა.

მაგრამ როდესაც კვლავ და კვლავ ვუყურებ მათ,
მრავალი კითხვა მიჩნდება და წყურვილი არ ქრება;
რატომ არის ეს ასე?

ამიტომ, თუ კი შევძლებ ამ ყველაფრის დანახვას
და დავრწმუნდები მათში;

თუ კი დავრწმუნდები, რომ ეს არ არის ღალატი
იმ გზის წინააღმდეგ, რომელზეც აქამდე ვიარე;
თუ კი შევძლებ იმის დანახვას, თუ რა არის ჭეშმარიტება;
თუ კი გავიგებ რა არის ის ყველაფერი
რაზეც ვფიქრობდი,
მაშინ შევძლებ გულში სიმშვიდის მოპოვებას."

ორი მოწაფე, რომლებიც ებრაელები არიან, ღრმად ეძებენ წმინდა ჭეშმარიტებას და ღმერთი უპასუხებს მათ და გაუგზავნის ღმერთის ადამიანს. ღმერთის ადამიანის საშუალებით ისინი გააცნობიერებენ ღმერთის ადამიანი დამუშავების განგებას და მიიღებენ იესო ქრისტეს. ისინი დარჩებიან დედამიწაზე შვიდწლიანი დიდი ჭირის დროს და ჩაატარებენ სამღვდელოებას ისრაელის მონანიებისა და ხსნისათვის. ისინი მიიღებენ ღმერთის განსაკუთრებულ ძალას და იესო ქრისტეს დაამტკიცებენ მთელი ისრაელისთვის.

ღმერთის თვალში ისინი წარსდგებიან როგორც სრულიად ნაკურთხნი და როგორც აპოკალიფსი 11:2-ში წერია, სამღვდელოებას წარუძღვებიან 42 თვის განმავლობაში. მიზეზი იმისა, რომ ორი მოწაფე ისრაელიდან მოდის არის ის, რომ სახარების დასაწყისი და დასასრული ისრაელია. პავლე მოციქულმა სახარება მთელს მსოფლიოში გაავრცელა, და ახლა თუ კი სახარება კიდევ ერთხელ მიაღწევს ისრაელს, რომელიც

საწყისი წერტილია, მაშინ სახარების საქმეები დასრულდება.

იესომ თქვა საქმე 1:8-ში, *„არამედ მიიღებთ ძალას, როცა სული წმიდა გადმოვა თქვენზე, და იქნებით ჩემი მოწმენი იერუსალიმში, მთელს იუდეასა და სამარიაში, ქვეყნის კიდემდე.“* „ქვეყნის კიდე“ აქ გულისხმობს ისრაელს, რომელიც სახარების საბოლოო დანიშნულების ადგილია.

ორი მოწაფე ებრაელებს უქადაგებს ჯვრის მოწოდებას და განუმარტავს მათ ხსნის გზას ღმერთის ცეცხლოვანი ძალით. და ისინი მოახდენენ გასაოცარ სასწაულებს და ნიშნებს, რომელიც დაადასტურებს ამ მოწოდებას. მათ ექნებათ ხელმწიფება ზეცის დახშვისა, რათა არ იწვიმოს მათი წინასწარმეტყველების დღეებში, და ექნებათ ხელმწიფება წყალთა მიმართ, რათა სისხლად აქციონ და ათასგვარი წყლულით მოწყლან ქვეყანა, როცა ინებებენ.

ამით მრავალი ებრაელი დაუბრუნდება უფალს, მაგრამ ამავე დროს ზოგი ეცდება ამ ორი მოწაფის მოკვლას. არა მარტო ეს ებრაელები, არამედ სხვა ქვეყნების მრავალი ბოროტი ადამიანი იქნება ანტიქრისტეს კონტროლის ქვეშ და მძიმედ შემულდებათ ორი მოწაფე და ეცდებიან მათ მოკვლას.

## ორი მოწმის წამება და აღდგომა

ძალა, რომელიც ორ მოწაფეს აქვს, იმდენად დიდია, რომ ვერავინ გაბედავს მათ ზიანი მიაყენონ. საბოლოოდ სახელმწიფოს ხელისუფლება მონაწილეობას მიიღებს მათ მოკვლაში. მაგრამ მიზეზი იმისა, რომ ორ მოწაფეს სიკვდილით დასჯიან არა სახელმწიფოს ხელისუფლების გამოა, არამედ იმიტომ, რომ ღმერთის ნებაა, რომ ისინი წამებულად მოკვდნენ. ადგილი სადაც მათ აწამებენ არის იესოს ჯვარცმის ადგილი და ეს გულისხმობს მათ აღდგომას.

როდესაც იესო ჯვარს აცვეს, რომაელი ჯარისკაცები მის საფლავს დარაჯობდნენ, რათა არავის მოეპარა მისი სხეული. მაგრამ მისი სხეული მოგვიანებით ვერ იპოვნეს, რადგან იგი აღსდგა. ადამიანებს, რომლებიც მოკლავენ ორ მოწაფეს, გაახსენდებათ ეს და ანერვიულდებიან, რადგან შეიძლება ვინმემ მოიპაროს მათი სხეულები. ამიტომ, ისინი არ მისცემენ უფლებას მათი სხეულები საფლავში დაკრძალონ, და სამაგიეროდ მათ სხეულებს ქუჩაში დაასვენებენ, რათა მთელმა მსოფლიომ ნახოს. ამის დანახვაზე, ბოროტი ადამიანები, რომლებსაც მათი სიკვდილი სურდათ, რადგან ორი მოწაფე სახარებას ავრცელებდა, დიდად გაიხარებენ მათი სიკვდილით.

მთელი მსოფლიო გაიხარებს და აღნიშნავს და მასობრივი ინფორმაციის საშუალებები გაავრცელებენ მათი სიკვდილის ამბავს მთელს მსოფლიოში სამი და

ნახევარი დღის განმავლობაში. ამის შემდეგ მოხდენა ორი მოწაფის აღდგომა. ისინი გაცოცხლდებიან და ავლენ ზეცაში, ზუსტად როგორც ელია ავიდა ზეცაში ქარიშხალისას. ამ გასაოცარ მოვლენას მთელი მსოფლიო იხილავს.

და ამ დროს მოხდება დიდი მიწისძვრა და ქალაქის მეათედი ნაწილი დაინგრევა და შვიდი ათასი ადამიანი მოკვდება. აპოკალიფსი 11:3-13 დეტალურად აღწერს.

„მივცემ ჩემს ორ მოწაფეს და ათას ორას სამოცი დღე იწინასწარმეტყველებენ ძაძით მოსილნი. ესენია ორი ზეთისხილი და ორი სასანთლე, რომლებიც დგანან დედამიწის უფლის წინაშე. თუ ვინმე მოინდომებს მათ ვნებას, ცეცხლი გამოვა მათი პირიდან და შეჭამს მათ მტრებს; თუ ვინმე მოინდომებს მათ ვნებას, მოკლულ უნდა იქნეს. მათ აქვთ ხელმწიფება ზეცის დახშვისა, რათა არ იწვიმოს მათი წინასწარმეტყველების დღეებში, და აქვთ ხელმწიფება წყალთა მიმართ, რათა სისხლად აქციონ და ათასგვარი წყლულით მოწყლან ქვეყანა, როცა ინებებენ. ხოლო როდესაც აღასრულებენ თავიანთ მოწმობას, უფსკრულიდან ამომავალი მხეცი შეებრძოლება, შემუსრავს და მოაკვდინებს მათ. მათი გვამები ეყრება დიდი ქალაქის მოედანზე, რომელსაც სულიერად ჰქვია სიდომი და ეგვიპტე, სადაც

*ჯვარს აცვეს მათი უფალიც. სხვადასხვა ტომისა და მოდგმის, ენისა და ერის ხალხი სამნახევარ დღეს უყურებს მათ გვამებს და არავის დართავ მათი დამარხვის ნებას. დედამიწის მკვიდრნი იხარებენ და ილხენენ მათ გამო და ძღვენს უძღვნიან ერთმანეთს, რადგანაც ამ ორმა წინასწარმეტყველმა აწამა დედამიწის მკვიდრნი. მაგრამ სამნახევარი დღის შემდეგ სიცოცხლის სული შევიდა მათში ღვთისაგან, და ფეხზე დადგნენ, რამაც თავზარი დასცა ყველას, ვინც კი ხედავდა მათ. და მოესმათ მგრგვინავი ხმა ზეცით, რომელმაც უთხრა მათ, აქ ამოდითო, და ისინიც, თავიანთი მტრების თვალწინ, ღრუბლით ავიდნენ ზეცას. იმავე საათს საშინელი მიწისძვრა მოხდა, ქალაქის მეათედი დაიქცა და მიწისძვრისას შვიდი ათასი კაცი ამოწყდა, სხვები კი შეძრწუნდნენ და დიდება მიაგეს ცის ღმერთს"* (აპოკალიფსი 11:3-13).

არ აქვს მნიშვნელობა რამდენად ჯიუტები იქნებიან, თუ კი მათ გულებში სულ მცირე სიკეთე მაინც გააჩნიათ, გააცნობიერებენ, რომ დიდი მიწისძვრა და ორი მოწაფის აღდგომა და ზეცაში ასვლა ღმერთის ნამოქმედარია და ადიდებენ მას. და იძულებული გახდებიან აღიარონ ის ფაქტი, რომ იესო აღსდგა ღმერთის ძალით დაახლოებით 2000 წლის წინათ. მიუხედავად ამ მოვლენებისა, ზოგი ბოროტი ადამიანი

არ ადიდებს ღმერთს.

მე მოგიწოდებთ ყველას, რომ მიიღოს ღმერთის სიყვარული. ბოლო მომენტამდე ღმერთს სურს რომ გიხსნათ და სურს, რომ ორ მოწაფეს მოუსმინოთ. ორი მოწაფე ღმერთის დიდი ძალით დაამტკიცებს, რომ ღმერთის მიერ არიან მოვლენილნი. ისინი გამოაფხიზლებენ მრავალ ადამიანს და უქადაგებენ ღმერთის მათდამი სიყვარულის და სურვილის შესახებ. და ისინი წარგიძღვებიან რომ ხსნის ბოლო შესაძლებლობა მიიღოთ.

მე მხურვალედ გთხოვთ, რომ არ ამოუდგეთ მტრებს მხარში, რომლებიც ეკუთვნიან ეშმაკს, რომელიც წარგიძღვება განადგურების გზაზე და მოუსმინეთ ორ მოწაფეს და მიაღწიეთ ხსნას.

## პეტრა, თავშესაფარი ებრაელებისთვის

კიდევ ერთი საიდუმლოება, რომელიც ღმერთმა წინასწარ დანიშნა თავისი რჩეული ისრაელისთვის, არის პეტრა, თავშესაფარი შვიდწლიანი დიდი ჭირის დროს. ესაია 16:1-4 განმარტავს ადგილის შესახებ, რომელსაც ჰქვია პეტრა.

*„გაუგზავნეთ კრავი ქვეყნის მპყრობელს სელაყიდან სიონის ასულის მთაზე უდაბნოს*

წიაღ! ბუდემოშლილი, დევნილი ფრინველივით იქნებიან მოაბის ასულნი არნონის ფონებთან. მიეცი რჩევა, ქმენი სამართალი, გადმოაფარე შენი ჩრდილი შუადღისას, როგორც ღამით; დაიფარე ლტოლვილი, ნუ გასცემ დევნილს. შეგეხიზნონ ჩემი ლტოლვილი მოაბელები, შეიფარე ყაჩაღებისგან, ვიდრე არ შეწყდება მძლავრობა, ვიდრე ბოლო არ მოეღება ყაჩაღობას, ვიდრე დამთრგუნველი არ გადაშენდება ამ ქვეყნიდან."

მოაბის მიწა მიუთითებს იორდანეს მიწაზე ისრაელის აღმოსავლეთ მხარეში. პეტრა არის არქეოლოგიური ადგილი სამხრეთდასავლურ იორდანეში, რომელიც მდებარეობს ჰორის მთის ფერდობზე იმ მთებს შორის, რომლებიც ქმნიან არაბას აღმოსავლეთ მხარეს, დიდი ხეობა მკვდარი ზღვიდან აკაბის ყურემდე. პეტრა ჩვეულებრივ გაიგივებულია სელასთან, რაც ნიშნავს ქვას, ბიბლიური დამოწმებით 2 მეფეთა 14-7-ში და ესაია 16:1-ში.

უფლის მეორედ მოსვლის შემდეგ, იგი მიიღებს გადარჩენილ ადამიანებს და აღნიშნავს შვიდწლიან საქორწინო ზეიმს და შემდეგ მათთან ერთად ჩამოვა დედამიწაზე და წარუძღვება მთელს მსოფლიოს ათასი წლის განმავლობაში. შვიდი წლის განმავლობაში, უფლის მეორედ მოსვლიდან მისი დედამიწაზე ჩამოსვლამდე, დიდი ჭირი მოიცავს მთელს დედამიწას და სამწელიწად ნახევარი დიდი ჭირის მეორე ნაწილის

დროს – 1260 დღის განმავლობაში, ისრაელის ხალხი დაიმალება ადგილას, რომელიც ღმერთის გეგმის თანახმად არის მომზადებული. ეს ადგილი არის პეტრა (აპოკალიფსი 12:6-14).

როდის დასჭირდებათ ებრაელებს ეს დასამალი ადგილი?

მას შემდეგ რაც ღმერთმა ისრაელის ხალხი აირჩია, ისრაელი მრავალმა წარმართთა ერმა დაიპყრო. მიზეზი ის არის, რომ ეშმაკმა, რომელიც ღმერთს ეწინააღმდეგება, ცადა ხელი შეეშალა ისრაელისთვის ღმერთის კურთხევის მიღებისათვის. იგივე რამ მოხდება სამყაროს დასასრულისას.

როდესაც ებრაელები გააცნობიერებენ შვიდწლიანი დიდი ჭირის დროს, რომ მესია და მხსნელი იესოა, რომელიც დედამიწაზე ორი ათასი წლის წინათ მოვიდა, და ეცდებიან მონანიებას, ეშმაკი მათ დევნას დაიწყებს რათა რწმენის შენარჩუნებაში შეუშალოს ხელი ებრაელებს.

ღმერთმა, რომელმაც ყველაფერი იცის, მოამზადა სამალავი ადგილი თავისი რჩეული ისრაელისთვის, რომლითაც იგი ამჟღავნებს თავის მათდამ სიყვარულს. ამ სიყვარულის და ღმერთის გეგმის მიხედვით, ისრაელი შევა პეტრაში, რათა გამანადგურებლებს გადაურჩნენ.

ზუსტად როგორც იესომ თქვა მათე 24:16-ში,

*„მაშინ იუდეას მყოფნი მთებს შეეფარონ,“* ებრაელები გადაურჩებიან შვიდწლიან ჭირს მთებში, დასამალ ადგილას, და შეინარჩუნებენ რწმენას და თითოეული მათგანი იქ მიიღებს ხსნას.

როდესაც სიკვდილის ანგელოზმა გაანადგურა ეგვიპტის ყოველი პირველშობილი, ებრაელები ერთმანეთს ფარულად დაუკავშირდნენ და გადაურჩნენ ჭირს სახლის კარების ჩარჩოებზე კრავის სისხლის წასმით.

ამავე გზით, ებრაელები დაუკავშირდებიან ერთმანეთს იმის შესახებ თუ სად წავიდნენ და და სად დაიმალონ სანამ ანტიქრისტეს მთავრობა დაიწყებს მათ დაკავებას. მათ ეცოდინებათ პეტრეს შესახებ, რადგან მრავალი ევანგელისტი განუწყვეტლივ ადასტურებდა სამალავ ადგილს და ის ადამიანებიც კი, რომლებსაც არ სწამდათ, შეიცვლიან აზრს და მოძებნიან სამალავ ადგილს.

ეს სამალავი ადგილი ვერ შეძლებს მრავალი ადამიანი საცხოვრებლით უზრუნველყოფას. სინამდვილეში, უამრავი ადამიანი, რომელმაც ორი მოწაფის დახმარებით მოინანია, ვერ შეძლებს დამალვას პეტრაში და შვიდწლიანი დიდი ჭირის დროს შეინარჩუნებენ თავიანთ რწმენას და მოკვდებიან მოწამეების სიკვდილით.

## ღმერთის სიყვარული ორი მოწაფის და პეტრას საშუალებით

ძვირფასო დებო და ძმებო, დაკარგეთ ხსნის შანსი ზეცაში ატაცების დროს? მაშინ, უყოყმანოთ წადით პეტრაში, რომელიც საბოლოო ხსნის შანსია ღმერთის წყალობის მიერ მოცემული. ანტიქრისტე მალე საზარელ უბედურებებს მოახდენს. თქვენ უნდა დაიმალოთ პეტრაში სანამ საბოლოოდ წყალობის კარი დაიხურება ანტიქრისტეს მიერ.

დაკარგეთ პეტრაში შესვლის შანსი? მაშინ ხსნის მიღების და ზეცაში შესვლის ერთადერთი შანსი ის არის, რომ არ უარყოთ უფალი და არ მიიღოთ მხეცის ნიშანი, „666“. თქვენ უნდა გაუძლოთ საზარელ ტანჯვა-წამებებს და მოკვდეთ წამებულის სიკვდილით. არ არის ადვილი, მაგრამ ეს უნდა გააკეთოთ, რათა გადაურჩეთ სამარადისო ტანჯვა-წამებას ცეცხლის ტბაში.

მე მსურს, რომ თქვენ არ შემობრუნდეთ ხსნის გზიდან და ყოველთვის გახსოვდეთ ღმერთის უცვლელი სიყვარული და გაბედულად გაუძლოთ ყველაფერს. როდესაც ებრძვით ყველანაირ ცდუნებებსა და დევნებს, ანტიქრისტე დიდ ზარალს მოგაყენებთ, ჩვენ, ძმები და დები დარწმუნებით ვილოცებთ თქვენი გამარჯვებისათვის.

მაგრამ ჩვენი ჭეშმარიტი სურვილი ის არის, რომ მიიღოთ იესო ქრისტე სანამ ეს ყველაფერი მოხდება და ახვიდეთ ზეცაში ჩვენთან ერთად და მონაწილეობა მიიღოთ შვიდწლიან საქორწინო ზეიმში, როდესაც უფალი მეორედ მოვა. ჩვენ განუწყვეტლივ ვლოცულობთ სიყვარულის ცრემლებით, რომ ღმერთი დაიმახსოვრებს თქვენი დიდი მამების რწმენის ქმედებებს და ხელშეკრულებას, რომელიც მან მათთან დადო და კიდევ ერთხელ მოგცემთ ხსნის წყალობას.

მისი დიდი სიყვარულით, ღმერთმა მოამზადა ორი მოწაფე და პეტრა, რათა თქვენ მიიღოს იესო ქრისტე მესიად და მხსნელად და მიაღწიოთ ხსნას. ადამიანთა მოდგმის ისტორიის ბოლო მომენტამდე, მე მოგიწოდებთ რომ დაიმახსოვროთ ღმერთის უცვლელი სიყვარული, რომელიც არასოდეს იტყვის თქვენზე უარს.

ორი მოწაფის გამოგზავნამდე, ღმერთმა გამოგზავნა ადამიანი და მისი საშუალებით გითხრათ, თუ რა მოხდება სამყაროს დასასრულს და წარგიძღვათ ხსნის გზისაკენ. ღმერთს სურს რომ არცერთი თქვენთაგანი არ დარჩეს დედამიწაზე შვიდწლიანი დიდი ჭირის დროს. მაშინაც კი, თუ დედამიწაზე დარჩენი, მას სურს, რომ ხსნის ბოლო შანსს ჩაეჭიდო. ეს არის ღმერთის დიდი სიყვარული.

არ არის დიდი ხანი დარჩენილი შვიდწლიანი დიდი ჭირის დაწყებამდე. ამ ადამიანის მოდგმის ისტორიაში

ყველაზე უპრეცედენტო ჭირით, ჩვენი ღმერთი შეასრულებს თავის გეგმას ისრაელისათვის. ადამიანის დამუშავების ისტორია დასრულდება ისრაელის ისტორიის დასრულებით.

ვთქვათ, რომ ებრაელებს ესმით ღმერთის ჭეშმარიტი ნება და დაუყოვნებლივ მიიღეს იესო როგორც მათი მხსნელი. მაშინ, თუ კი ბიბლიაში ჩაწერილი ისრაელის ისტორია შესასწორებელი იქნება და თავიდან დასაწერი, ღმერთი ამას სიამოვნებით გააკეთებდა. ეს იმიტომ, რომ ღმერთის ისრაელისადმი სიყვარული წარმოუდგენლად დიდია.

მაგრამ მრავალი ებრაელი წავიდა, მიდის და წავა საკუთარი გზით სანამ კრიტიკულ მომენტში არ აღმოჩნდებიან. ყოვლისშემძლე ღმერთმა, რომელმაც ყველაფერი იცის რაც მომავალში მოხდება, წინასწარ დანიშნა ბოლო შანსი თქვენი ხსნისათვის და გზას გიჩვენებთ საკუთარი უცვლელი სიყვარულით.

*„აი, გიგზავნით ელია წინასწარმეტყველს იეჰოვას დიდი და შიშის მომგვრელი დღის დადგომამდე. ის გულს მოუბრუნებს მამებს ძეებისკენ და ძეებს მამებისკენ, რომ არ მოვიდე და არ დავკრა დედამიწას გასანადგურებლად"*
(მალაქია 4:5-6).

მე მადლიერი ვარ ღმერთისა და ვადიდებთ მას,

რომელიც არა მარტო ისრაელს, თავის რჩეულს, არამედ ყოველი ერის ხალხს წარუძღვება ხსნის გზისაკენ თავისი უსაზღვრო სიყვარულით.

# ავტორი:

## დოქტორი ჯაეროკ ლი

დოქტორი ჯაეროკ ლი დაიბადა 1943 წელს მუანში, ჯეონამის პროვინცია, კორეის რესპუბლიკა. მის ოციან წლებში დოქტორი ლი იტანჯებოდა სხვადასხვა განუკურნებელი დაავადებებით შვიდი წლის განმავლობაში და ელოდებოდა სიკვდილს გამოჯანმრთელების იმედის გარეშე. ერთ დღს 1974 წლის გაზაფხულს როგორღაც მისმა დამ წაიყვანა ეკლესიაში და როდესაც იგი სალოცავად დაიჩოქა ცოცხალმა ღმერთმა მაშინვე განკურნა ყველა დაავადებისაგან.

ამის შემდეგ დოქტორი ლი შეხვდა ცოცხალ ღმერთს გასაოცარი გამოცდილებიდან, მას უფალი მთელი გულით უყვარს და 1978 წელს ღმერთმა მას თავისი მსახური უწოდა. იგი გულმოდგინებით ლოცულობდა, რათა გარკვევით გაეგო უფლის ნება, მთლიანად შეესრულებინა იგი და დამორჩილებოდა უფლის ყოველ სიტყვას. 1982 წელს მან დააარსა მანმინის ცენტრალური ეკლესია სეულში, კორეაში და უფლის ურიცხვი სასწაულები, ზებუნებრივი განკურნებების ჩათვლით, ხდება მის ეკლესიაში.

1986 წელს დოქტორი ლი იკურთხა პასტორად კორეაში იესოს სუნგკიულის ეკლესიაში ყოველწლიურ ასამბლეაზე და ოთხი

წლის შემდეგ, 1990 წელს მისი მისი ქადაგებების გაშვება დაიწყო ავსტრალიაში, რუსეთში, ფილიპინებში და და სხვა შორეული აღმოსავლეთის სამაუწყებლო კომპანიების, აზიის სამაუწყებლო სადგურის და ვაშინგტონის ქრისტიანული რადიო სისტემის ეთერში.

სამი წლის შემდეგ, 1933 წელს მანმინის ცენტრალური ეკლესია არჩეულ იქნა ერთერთ „მსოფლიოს საუკეთესო 50 ეკლესიაში" ქრისტიანული მსოფლიო ჟურნალის (ამერიკის შეერთებული შტატები) მიერ და მიიღო საპატიო ღვთისმეტყველების დოქტორის ხარისხი ქრისტიანული რწმენის კოლეჯისაგან, ფლორიდა, ამერიკის შეერთებული შტატები და 1996 წელს კი Ph. D. სამღვდელოებაში კინგსვეის თეოლოგიური სემინარიიდან, აიოვა, ამერიკის შეერთებული შტატები.

1993 წლის შემდეგ დოქტორმა ლიმ დაიწყო მსოფლიოს მისიის ხელმძღვანელობა ბევრი საზღვარგარეთული მისიებით ტანზანიაში, არგენტინაში, ლოს ანჯელესში, ბალტიმორის ქალაქში, ჰავაიზე, ნიუ–იორკში, უგანდაში, იაპონიაში, პაკისტანში, კენიაში, ფილიპინებში, ჰონდურასში, ინდოეთში, რუსეთში, გერმანიაში, პერუში, კონგოში და ისრაელში. 2002 წელს მას ეწოდა „მსოფლიო მასშტაბის პასტორი" მთავარი ქრისტიანული გაზეთის მიერ კორეაში თავისი საზღვარგარეთული გაერთიანებული ლაშქრობების საფუძველზე.

2014 წლის იანვარი მანმინის ცენტრალურ ეკლესიას ყავს 120000-ზე მეტი მრევლი. არსებობს 9000 საშინაო სა საზღვარგარეთული ფილიალი ეკლესიები მსოფლიოს გარშემო და ჯერჯერობით 137-ზე მეტ მისიონერს აქვს დავალებული 23 ქვეყანა ამერიკის შეერთებული შტატების, რუსეთის, გერმანიის, კანადის, იაპონიის, ჩინეთის, საფრანგეთის, ინდოეთის, კენიის ჩათვლით.

ამ გამოქვეყნების დღიდან დოქტორი ჯაეროკ ლის დაწერილი აქვს 88 წიგნი ბესტსელერების ჩათვლით: *საუკუნო სიცოცხლის დაგემოზნება სიკვდილამდე, ჩემი ცხოვრება ჩემი რწმენა I და II, ჯვრის მოწოდება, რწმენის საზომი, ზეცა I და II, ჯოჯოხეთი და უფლის ძალა.* მისი ნამუშევრები თარგმნილია 76 ენაზე.

მისი ქრისტიანული სვეტები ჩნდება ჰანკოკ ლიბოში, ჯონგანგის ყოველდღიურ გაზეტში, დონგ–ა ლიბოში, მუნვა ლიბოში, სეულის შინმუნში, კიუნგიანგ შინმუნში, ჰანკიორე შინმინში, კორეის ეკონომიკურ ყოველდღიურ გაზეთში, კორეის ჰერალდში, შისას ახალ ამბებში და ქრისტიანულ პრესაში.

დოქტორი ლი ამჟამად უამრავი მისიონერული ორგანიზაციის და ასოციაციების ლიდერია, ასევე იგი თავმჯდომარეა გაერთიანებული იესო ქრისტეს წმინდა ეკლესიის; მანმინის მსოფლიო მისიის პრეზიდენტი; მსოფლიოს ქრისტიანობის აღორძინების მისიის ასოციაციის მუდმივი პრეზიდენტი; მანმიმის ტელევიზიის დამფუძვნებელი; საზოგადო ქრისტიანული ქსელის დამფუძვნებელი და საბჭოს თავმჯდომარე, მსოფლიოს ქრისტიანული ექიმების ქსელის და მანმინის საერთაშორისო სემინარიის დამფუძვნებელი და საბჭოს თავმჯდომარე.

## სხვა ძლიერი წიგნები იგივე ავტორისგან

I

*ზეცა I და II*

მტკიცებულებების მემუარები დოქტორ ჯაეროკ ლისგან, რომელიც ხელახლა დაიბადა და სიკვდილის ჩრდილს გადაურჩა და უძღვება სრულყოფილ სამაგალითო ქრისტიანულ ცხოვრებას.

*ჯვრის მოწოდება*

ძლიერი გამოსაფხიზლებელი მოწოდება მათთვის, ვინც არიან სულიერად დაძინებული! ამ წიგნში იპოვნი მიზეზს თუ რატომ არის იესო ჩვენი ერთადერთი მხსნელი და უფლის ჭეშმარიტ სიყვარულს.

*ჩემი ცხოვრება, ჩემი რწმენა I და II*

ყველაზე არომატული სულიერი სურნელება გაიყოფა სიცოცხლისაგან, რომელიც უზადლო ღმერთის სიყვარულით არის აყვავებული, ბნელი ტალღების შუაგულში, ცივი უღელი და ყველაზე ღრმა სასოწარკვეთილება.

*რწმენის საზომი*

რა ტიპის საცხოვრებელი ადგილი, გვირგვინი და კილდო არის მომზადებული შენთვის სამოთხეში? ეს წიგნი უზრუნველყოფს სიბრძნეს და წინამძღოლობას, რათა გაზომო შენი რწმენა და დახვეწო საუკეთესო და მოწიფული რწმენა.

*ჯოჯოხეთი*

სერიოზული მოწოდება უფლისგან კაცობრიობისათვის, რომლებსაც არ სურთ არცერთი სულის ჯოჯოხეთის ცეცხლში ჩაგდება! შენ აღმოაჩენ ადრე არასოდეს გამოვლენილ ქვედა ჰადესის და ჯოჯოხეთის რეალურ სისასტიკეს.

www.urimbooks.com

www.ingramcontent.com/pod-product-compliance
Lightning Source LLC
LaVergne TN
LVHW041804060526
838201LV00046B/1123